La cocina de cocción lenta

Más de 100 recetas deliciosas y fáciles para las noches ocupadas y los domingos tranquilos

María Mercedes Cortes

Material con derechos de autor ©2023

Reservados todos los derechos

Sin el debido consentimiento por escrito del editor y propietario de los derechos de autor, este libro no se puede utilizar ni distribuir de ninguna manera, excepto por breves citas utilizadas en una reseña. Este libro no debe considerarse un sustituto del asesoramiento médico, legal o de otro tipo profesional.

TABLA DE CONTENIDO

TABLA DE CONTENIDO 3
INTRODUCCIÓN 6
DESAYUNO 8
- 1. Yogur de soja casero 9
- 2. Estratos de col rizada y gruyere con tomates 11
- 3. Tocino y picadillo en olla de cocción lenta 13
- 4. Sándwiches de desayuno con filete de flanco 15
- 5. Avena cortada en acero durante la noche 18
- 6. Batatas y manzanas al ron 20

SOPAS Y GUISOS 22
- 7. Sopa de tomate y tamarindo del sur de la India 23
- 8. Caldo de sopa de jengibre 25
- 9. Caldo de sopa de tomate ayurvédico 27
- 10. Estofado de trucha en olla de cocción lenta 29
- 11. Gumbo de carne de res y cerdo 31
- 12. Estofado Brunswick 33
- 13. Estofado de rabo de toro 35

RED ELÉCTRICA 38
- 14. Quinoa canela con duraznos 39
- 15. Frijoles Adzuki simples 41
- 16. Frijoles y lentejas cocidos a fuego lento 43
- 17. Chana y Split Moong Dal con hojuelas de pimienta 45
- 18. Risotto de cebada 47
- 19. Tagine de cordero, cebada y albaricoque 49
- 20. Quinoa con canela y duraznos bajos en grasa 51
- 21. Arroz salvaje con hierbas 53
- 22. Quinua Tex-Mex 55
- 23. Boloñesa de tarro de cristal 57
- 24. Pavo con salsa en olla de cocción lenta 60
- 25. Tazones de preparación de comida con carnitas 62
- 26. Judías verdes, patatas y tocino 64
- 27. Frijoles Pintos Y Corvejones De Jamón 66
- 28. Cerdo desmenuzado a la barbacoa en olla de cocción lenta 68
- 29. Asado De Cerdo Relleno De Ajo En Olla De Cocción Lenta 70
- 30. Pechuga de res en olla de cocción lenta 72
- 31. Rabos de toro sofocados en olla de cocción lenta 74

32. Repollo al estilo punjabi 77
33. Polenta Con Tomate Y Parmesano 79
34. Frijoles con cúrcuma y lentejas 81
35. Risotto con judías verdes y batatas 83
36. Lentejas con curry de coco 85
37. Tazones de salmón teriyaki en olla de cocción lenta 87
38. Jambalaya en olla de cocción lenta 90
39. Chuck Roast Con Patatas Y Zanahorias 92
40. Carne De Res Y Champiñones En Olla De Cocción Lenta 94
41. Pot-Au-Feu clásico 97
42. Plov de res en olla de cocción lenta 100
43. Carne asada francesa 102
44. Sopa De Hamburguesa Y Verduras 104
45. Estofado Waldorf Astoria 106
46. Carne asada a la olla 108
47. Pechuga en olla de cocción lenta 110
48. bistec suizo 112
49. Filete De Cebolla Suizo 114
50. Estofado De Hamburguesa 116
51. Salchicha De Cerdo A La Boloñesa 118
52. Lomo De Cerdo Con Puré De Manzana 120
53. Chile De Cerdo En Olla De Cocción Lenta 122
54. Cassoulet de frijoles blancos y salchichas 124
55. Frijoles pintos picantes y chile salchicha 126
56. Ragú De Cerdo Sobre Pasta Casarecce 128
57. Chile en olla de cocción lenta 131
58. Cerdo y chile verde 133
59. Piernas de cordero estofadas con gremolata de ajo 135
60. Cordero Con Granada Y Salsa De Cilantro Y Menta 137
61. Pato con chucrut 139
62. Pollo Con Nueces 141
63. Sopa de pollo en olla de cocción lenta 143
64. Sopa De Pollo Y Cebada 145
65. Pechuga de pavo glaseada con arce y mostaza 147
66. Tazón de ramen de pollo y verduras 149
67. Lubina escalfada con salsa de tomate e hinojo 152
68. Platija tailandesa con curry de coco 154
69. Bacalao Con Mermelada De Tomate Y Balsámico 156
70. Pescado al vapor 158

71. Bisque de langosta en olla de cocción lenta 160
72. Verduras y pescado en olla de cocción lenta 162
73. Sopa de coliflor con cúrcuma dorada 164
74. Sopa para la resaca en olla de cocción lenta 166
75. Carne guisada y cerveza negra 168
76. Sopa de zanahoria y jengibre en olla de cocción lenta 170
77. sopa de patatas alemana 172
78. Chile de carne molida en olla de cocción lenta 174
79. Chile texano en olla de cocción lenta 176
80. Tocino, Puerro, Tomillo Farro 178
81. Estofado de maíz en olla de cocción lenta 180

VEGANO 182
82. Calabaza espagueti con frijoles blancos y Caprese 183
83. Ragú de berenjenas y frijoles blancos 185
84. Tofu Lo Mein 188
85. Tempeh asiático con espinacas y mango 190
86. Edamame Succotash 192
87. Risotto de cebada con calabaza 194

GUARNICIONES 197
88. Coles de Bruselas con limón 198
89. Col estofada con pepperoncini 200
90. Zanahorias con arce y nueces 202
91. Coliflor Al Curry Y Patatas 204
92. Frijoles italianos en olla de cocción lenta 207
93. Frijoles Horneados Con Tocino 209

POSTRES 211
94. Pastel de chile con pavo cubierto de harina de maíz 212
95. Pastel de verduras de primavera 215
96. Pastel de chocolate y caramelo en olla de cocción lenta 218
97. Zapatero de moras en olla de cocción lenta 220
98. Blondies con chispas de chocolate y mantequilla de maní en olla de cocción lenta 222
99. Olla de barro dulce de leche 224
100. Manzana crujiente en olla de cocción lenta 226

CONCLUSIÓN 228

INTRODUCCIÓN

¡Bienvenido al libro de cocina de cocción lenta definitivo! Este libro de cocina es su guía para crear comidas deliciosas, nutritivas y fáciles con la comodidad de una olla de cocción lenta. Si usted es un padre ocupado, un estudiante con un presupuesto limitado o simplemente busca simplificar su rutina de preparación de comidas, este libro de cocina tiene algo para usted.

Con más de 100 recetas, este libro de cocina cubre todo, desde abundantes sopas y guisos hasta reconfortantes guisos y sabrosos curry. ¿La mejor parte? Todas estas recetas se pueden preparar en su confiable olla de cocción lenta, lo que le permite configurarla y olvidarse de ella hasta que llegue el momento de disfrutar de su deliciosa comida.

Pero la cocción lenta no se trata sólo de conveniencia; también es una forma más saludable de cocinar. Al cocinar los alimentos lentamente y a una temperatura más baja, se conservan los nutrientes y sabores, lo que da como resultado una comida más sana y deliciosa.

En este libro de cocina encontrarás recetas para el desayuno, el almuerzo, la cena e incluso el postre. Prepare un poco de avena durante la noche o una cazuela de desayuno para comenzar el día de manera nutritiva. Para el almuerzo, prueba una reconfortante sopa o chile que te mantendrá satisfecho durante toda la tarde. Y para la cena, elija entre una variedad de deliciosos platos principales, que incluyen asados clásicos, curry picante y tierno cerdo desmenuzado.

Pero la olla de cocción lenta no es sólo para platos salados; También puedes usarlo para crear postres deliciosos como crujiente de manzana, pastel de lava de chocolate e incluso pastel de queso.

Las recetas de este libro de cocina están diseñadas para ser fáciles de seguir y requieren un trabajo de preparación mínimo. Muchos de ellos utilizan ingredientes sencillos y asequibles que probablemente ya tengas en tu despensa. Y con la comodidad de la olla de cocción lenta, podrás disfrutar de una deliciosa comida casera sin pasar horas en la cocina.

Entonces, desempolva tu olla de cocción lenta y prepárate para crear comidas deliciosas y nutritivas. Este libro de cocina es el recurso perfecto para cualquiera que busque simplificar su rutina de preparación de comidas y disfrutar de comidas saludables y sabrosas.

DESAYUNO

1. <u>**Yogur de soja casero**</u>

Rinde: 6 TAZAS

INGREDIENTES:
- 4 tazas de leche de soja natural sin azúcar
- ½ taza de yogur de soya natural, natural, de cultivo vivo/activo, sin azúcar
- 1 toalla de baño gruesa o manta

INSTRUCCIONES:
a) Coloca la leche de soja en la olla de cocción lenta y ponla a fuego lento.
b) Reservar tapado durante 3 horas.
c) Después de 3 horas, agregue 2 tazas de leche de soja tibia y el yogur cultivado.
d) Regrese la mezcla a la olla de cocción lenta y revuélvala suavemente.
e) Vuelva a colocar la tapa y envuelva la olla de cocción lenta en una toalla.
f) Déjelo reposar durante 8 horas.
g) El yogur debería haberse asentado en este punto.

2. Estratos de col rizada y gruyere con tomates

Hace: 8

INGREDIENTES:
- Spray para cocinar
- ½ cucharada de aceite de oliva
- 1 cebolla amarilla, picada
- 6 dientes de ajo, picados
- 1 libra de pan multigrano, sin corteza, cortado en cubos de 1 pulgada
- 4 onzas de col rizada toscana picada
- 3 onzas de queso gruyere, rallado
- ½ taza de tomates secados al sol, escurridos y picados en aceite de oliva
- 3 tazas de leche descremada al 2%
- 1 cucharada de mostaza Dijon
- ½ cucharadita de sal kosher
- ½ cucharadita de pimienta negra
- 10 huevos bien batidos

INSTRUCCIONES:
a) Calentar el aceite y sofreír la cebolla y el ajo.
b) Cubra ligeramente una olla de cocción lenta con aceite en aerosol. Mezcle la mezcla de cebolla, el pan, la col rizada y los tomates en la olla de cocción lenta.
c) Batir la leche, el Dijon, la sal, la pimienta y los huevos en un bol. Vierta en la olla de cocción lenta; presiona la mezcla de pan, sumergiéndola en la mezcla de leche. Cubra con el Gruyere.
d) Cocine a temperatura BAJA hasta que los estratos alcancen una temperatura interna de 165 °F, aproximadamente 3 horas y 45 minutos.

3. Tocino y picadillo en olla de cocción lenta

Hace: 8

INGREDIENTES:
- ½ taza de cebollas, picadas
- 12 huevos
- 1 taza de leche
- 2 libras de papas hash brown
- ¼ cucharadita de mostaza seca
- 1 libra de tocino, picado
- ¼ cucharadita de ajo en polvo
- 3 tazas de queso cheddar rallado
- 1 cucharadita de sal
- ½ cucharadita de pimienta

INSTRUCCIONES:
a) Batir 12 huevos hasta que estén bien mezclados.
b) Luego, agregue la leche y el ajo en polvo, la mostaza, 1 cucharadita de sal y ½ cucharadita de pimienta. Dejar de lado.
c) Coloque capas de papas y espolvoree ⅓ de las cebollas.
d) Luego, espolvorea ⅓ del tocino.
e) Por último, pero no menos importante, cubra con 1 taza de queso.
f) Repita las capas hasta que se acabe todo.
g) Vierta la mezcla de huevo sobre las capas.
h) Cocine durante aproximadamente 7½ horas a temperatura baja o hasta que los huevos estén cuajados.

4. Sándwiches de desayuno con filete de flanco

Hace: 8

INGREDIENTES:
- cerveza de botella de 12 onzas
- 1½ cucharadas de aceite de oliva
- 1 hoja de laurel
- 2 cucharaditas de maicena
- 1 cucharadita de agua
- 1 cucharadita de pimentón
- 1 cucharadita de pimienta negra
- 1 cucharadita de hojas frescas de tomillo
- 1 cucharadita de comino molido
- 2 cucharadas de salsa de soja baja en sodio
- ¾ cucharadita de sal kosher
- 3 dientes de ajo rallados
- 8 panecillos hoagie integrales pequeños, partidos y tostados
- 2 libras de filete de falda, recortado
- 1 cebolla, cortada en rodajas finas
- 2 cucharadas de azúcar moreno oscuro

INSTRUCCIONES:
a) Haga la mezcla de especias batiendo aceite de oliva, pimentón, azúcar moreno, sal, comino, pimienta y ajo.
b) Frote el bistec por todos lados.
c) Coloca las rodajas de cebolla en una olla de cocción lenta; cubra con el bistec.
d) Agrega la cerveza, la salsa de soja, el laurel y el tomillo.
e) Cocine a fuego lento hasta que el bistec esté tierno, aproximadamente 7½ horas.
f) Reserva el bistec y la cebolla.
g) Cuela el líquido en una cacerola.
h) Hervir hasta que la salsa se reduzca, unos 12 minutos.
i) Mezcle la maicena y el agua en un bol; rocíe con la salsa y bata hasta que se mezclen.
j) Cocine a fuego lento, revolviendo con frecuencia, hasta que espese, aproximadamente 1 minuto. Triture el bistec.
k) Coloque el bistec y la cebolla sobre los panecillos tostados.
l) Sirva los sándwiches con la salsa en tazones para mojar.

5. Avena cortada en acero durante la noche

Rinde: 6 porciones

INGREDIENTES:
- ½ cucharadita de sal kosher
- 1½ tazas de avena cortada en acero
- 1½ cucharaditas de canela molida
- 4 tazas de agua
- 2 plátanos maduros triturados
- ½ cucharadita de nuez moscada recién rallada
- 3 cucharadas de harina de linaza molida
- 1 cucharadita de extracto de vainilla
- 2 tazas de leche

INSTRUCCIONES:
a) Coloque todos los ingredientes en el fondo de una olla de cocción lenta de 4 a 6 cuartos y revuelva para combinar.
b) Cocine a fuego lento, durante aproximadamente 7½ horas.

6. Batatas Y Manzanas Al Ron

Hace: 6

INGREDIENTES:
- ¼ cucharadita de pimienta negra
- 3 batatas, lavadas y pinchadas con un tenedor
- ½ cucharadita de canela molida
- 1 cucharada de vinagre de manzana
- ½ cucharadita de sal kosher
- 2 cucharadas de ron oscuro
- 1 cucharada de mantequilla sin sal

ADICIÓN
- 2 tazas de manzanas Granny Smith peladas y picadas
- Hojas frescas de salvia
- 3 cucharadas de nueces pecanas picadas, tostadas

INSTRUCCIONES:

a) Combine todos los ingredientes, excepto la cobertura, en una Crockpot de 6 cuartos.

b) Cocine a fuego lento hasta que las patatas estén tiernas, aproximadamente 6 horas.

c) Retire las patatas y córtelas por la mitad a lo largo.

d) Cubra con manzanas, nueces y hojas de salvia.

SOPAS Y GUISOS

7. Sopa de tomate y tamarindo del sur de la India

Rinde: 12 TAZAS

INGREDIENTES:
- ½ taza de gandules secos, partidos y pelados, limpios y lavados
- 4 tomates, pelados y picados en trozos grandes
- 1 pieza de raíz de jengibre, pelada y rallada o picada
- 2 cucharaditas de sal marina gruesa
- 1 cucharadita de cúrcuma en polvo
- 1 taza de jugo de tamarindo
- 2 cucharadas de polvo de rasam
- 7 tazas de agua
- 1 cucharada de aceite
- 1 cucharadita de semillas de mostaza negra
- 1 cucharadita de semillas de comino
- 20 hojas de curry, picadas en trozos grandes
- 1 cucharada de cilantro fresco picado, para decorar
- Gajos de limón, para decorar

INSTRUCCIONES:
a) En una olla de cocción lenta, combine los gandules, los tomates, la raíz de jengibre, la sal, la cúrcuma, el jugo de tamarindo, el polvo de rasam y el agua.
b) Cocine durante 3 horas a temperatura alta.
c) Licúa con una batidora de mano.
d) Calienta el aceite en una sartén a fuego medio.
e) Agrega la mostaza y el comino y cocina por 30 segundos o hasta que la mezcla chisporrotee.
f) Agregue las hojas de curry y cocine hasta que estén ligeramente doradas y comiencen a rizarse.
g) Coloque la mezcla caliente en la olla de cocción lenta.
h) Cocine la sopa durante 30 minutos más antes de servir, adornada con cilantro y una rodajita de limón.

8. Caldo de sopa de jengibre

Rinde: 7 TAZAS

INGREDIENTES:
- 2 cebollas amarillas, peladas
- 2 libras de raíz de jengibre, pelada
- 2 tazas de ajo, pelado y recortado
- 4 cucharadas de semillas de comino
- 4 cucharadas de cúrcuma en polvo
- ½ taza de aceite
- ½ taza de agua

INSTRUCCIONES:
a) En una licuadora, muele la cebolla, la raíz de jengibre y el ajo por separado.
b) A la olla de cocción lenta, agregue el comino, la cúrcuma y el aceite.
c) Vacía la mezcla de la licuadora en la olla de cocción lenta. Revuelva suavemente y cocine durante 10 horas a temperatura alta.

9. Caldo de sopa de tomate ayurvédico

Rinde: 4½ TAZAS

INGREDIENTES:
- 1 cebolla, pelada y picada en trozos grandes
- 4 tomates, pelados y picados en trozos grandes
- 1 taza de raíz de jengibre pelada y picada en trozos grandes
- 10 dientes de ajo, pelados y recortados
- 1 cucharada de cúrcuma en polvo
- ¼ taza de aceite

INSTRUCCIONES:
a) Pon todos los ingredientes en la olla de cocción lenta y mezcla suavemente.
b) Cocine a fuego alto durante 6 horas.
c) Procese la mezcla hasta que quede suave usando una licuadora de inmersión.
d) Regrese a la olla de cocción lenta y cocine por otra hora a temperatura alta.

10. Guiso de trucha en olla de cocción lenta

Rinde: 4 porciones

INGREDIENTES
- 4 truchas
- 1 cucharadita de pimienta de Jamaica
- 1 cucharadita de pimentón
- 1 cucharadita de cilantro
- 2 cucharadas de aceite de oliva
- 6 cebolletas, cortadas en rodajas gruesas
- 1 pimiento rojo, picado
- 2 tomates, picados en trozos grandes
- 1 cucharadita de hojuelas de chile seco
- 1 cucharadita de tomillo
- 1 taza de caldo de pescado
- sal y pimienta para probar
- pan para servir

INSTRUCCIONES
a) Combina las especias y espolvoréalas sobre la trucha.
b) Agregue la trucha al aceite caliente en una sartén y cocine hasta que se dore.
c) Colóquelo en la olla de cocción lenta.
d) Agregue los ingredientes restantes, junto con las especias restantes, y deje hervir.
e) Cocine la trucha durante dos horas.
f) Servir con pan.

11. Gumbo de ternera y cerdo

Hace: 3

INGREDIENTES:
- ¼ cucharada de aceite de oliva
- ¼ de libras carne molida alimentada con pasto
- ¼ de libras cerdo molido
- 1 tomatillo mediano, picado
- ⅛ cebolla amarilla pequeña, picada
- ½ chile jalapeño, picado
- ½ diente de ajo, picado
- ¼ (6oz) lata de salsa de tomate sin azúcar
- ¼ de cucharada de chile en polvo
- ¼ de cucharada de comino molido
- Sal y pimienta negra recién molida al gusto
- 1 cucharada de agua
- 2 cucharadas de queso cheddar, rallado

INSTRUCCIONES:

a) Pon el aceite y todos los ingredientes en la olla instantánea.
b) Revuelva bien y asegure la tapa.
c) Configure la olla a "cocción lenta" a alta presión durante 4 horas.
d) Una vez hecho esto, libera el vapor de forma natural y retira la tapa.
e) Servir caliente.

12. estofado Brunswick

Rinde: 8 A 10 PORCIONES

INGREDIENTES:
- 6 tazas de caldo de pollo
- 2 tazas de cerdo desmenuzado a la barbacoa en olla de cocción lenta
- 2 tazas de pollo picado, cocido
- 2 tazas de habas congeladas o secas
- 3 patatas russet medianas, peladas y cortadas en cubitos
- 1 lata (14 onzas) de tomates cortados en cubitos en jugo de tomate
- 1 cebolla morada grande, picada
- 1½ tazas de guisantes y zanahorias congelados
- 1½ tazas de okra congelada
- 1 taza de maíz congelado
- 1 taza de salsa BBQ de nogal americano
- 3 dientes de ajo, picados
- 2 cucharadas de salsa inglesa
- 2½ cucharaditas de sal para condimentar
- 1 cucharadita de pimienta negra molida
- ½ cucharadita de comino molido

INSTRUCCIONES:
a) Agregue todos los ingredientes a una olla de cocción lenta de 6 cuartos. Remueve hasta que todo esté bien incorporado. Tapa la olla de cocción lenta y pon el fuego a fuego lento.

b) Cocine por 5 horas y luego sirva. Las sobras se pueden almacenar en un recipiente hermético en el refrigerador hasta por 5 días.

13. Guiso de rabo de buey

Rinde: 6 a 8 porciones

INGREDIENTES

½ taza de harina para todo uso
3½ cucharaditas de sal para condimentar
2 cucharaditas de pimentón
½ cucharadita de pimienta negra molida
4 libras de rabos de toro, sin grasa
¼ taza de aceite vegetal
1 cebolla amarilla grande, picada
1 lata (14,5 onzas) de tomates cortados en cubitos
4 dientes de ajo
3 ramitas de tomillo fresco
3 hojas de laurel
1 lata (6 onzas) de pasta de tomate
1 cuarto (32 onzas) de caldo de res
1 libra de zanahorias pequeñas
1½ libras de papas rojas tiernas, picadas

INSTRUCCIONES

Tome una bolsa grande para congelador con cierre hermético y agregue la harina, la sal para condimentar, el pimentón y la pimienta negra. Agita la bolsa para asegurarte de que todo quede bien incorporado. Empieza añadiendo los rabos de toro, uno a la vez, y agita la bolsa para cubrirlos. Una vez que los rabos de toro estén cubiertos, colóquelos en un plato o bandeja para hornear.

En una sartén grande a fuego medio, vierte el aceite vegetal. Una vez que el aceite esté caliente, empieza a añadir los rabos de toro. Dore todas las superficies de los rabos de toro, aproximadamente 3 minutos por cada lado, luego retírelos de la sartén y colóquelos en una olla de cocción lenta de 6 cuartos.

Echa la cebolla a la sartén y cocina hasta que esté tierna. Agrega a la olla de cocción lenta con los rabos de toro, junto con los tomates, el ajo, el tomillo y las hojas de laurel.

En un tazón grande, combine la pasta de tomate y el caldo de res y mezcle hasta que estén bien combinados. Vierta esta mezcla en la olla de cocción lenta, póngala a fuego lento y cocine durante 6 horas.

Agrega las zanahorias y las patatas, revuelve y cocina por 2 horas más. ¡Luego sirve y disfruta!

RED ELÉCTRICA

14. Quinoa canela con duraznos

Hace: 6

INGREDIENTES:
- Spray para cocinar
- 2 ½ tazas de agua
- ½ cucharadita de canela molida
- 1 ½ tazas de mitad y mitad sin grasa
- 1 taza de quinua cruda, enjuagada y escurrida
- ¼ de taza) de azúcar
- 1½ cucharaditas de extracto de vainilla
- 2 tazas de rodajas de durazno congeladas sin azúcar
- ¼ de taza de nueces pecanas picadas, tostadas en seco

INSTRUCCIONES:
a) Cubra una olla de cocción lenta con aceite en aerosol.
b) Rellenar con agua y cocinar la quinoa y la canela durante 2 horas a fuego lento.
c) En un recipiente aparte, mezcle la mitad y la mitad, el azúcar y la esencia de vainilla.
d) Sirva la quinua en tazones.
e) Agregue los duraznos encima seguidos de la mezcla mitad y mitad y las nueces.

15. Frijoles Adzuki Sencillos

Rinde: 8 TAZAS

INGREDIENTES:
- 3 tazas de frijoles adzuki secos enteros, recogidos y lavados
- 5 tazas de agua

INSTRUCCIONES:
a) En la olla de cocción lenta, combine los frijoles y el agua.
b) Cocine durante 3 horas a fuego lento.
c) En un colador, enjuaga los frijoles con agua fría para detener el proceso de cocción y escurre el exceso de líquido.

16. Frijoles y lentejas cocidos a fuego lento

Rinde: 10 TAZAS

INGREDIENTES:
- 2 tazas de habas secas, recogidas y lavadas
- ½ cebolla amarilla o morada, pelada y picada en trozos grandes
- 1 tomate, cortado en cubitos
- 1 trozo de raíz de jengibre, pelada y rallada o picada
- 2 dientes de ajo, pelados y rallados o picados
- 2 chiles verdes tailandeses, serranos o de cayena, picados
- 3 dientes enteros
- 1 cucharadita de semillas de comino
- 1 cucharadita de chile rojo en polvo o cayena
- una cucharadita de sal marina gruesa
- ½ cucharadita de cúrcuma en polvo
- ½ cucharadita de garam masala
- 7 tazas de agua
- ¼ de taza de cilantro fresco picado

INSTRUCCIONES:
a) En la olla de cocción lenta, combine todos los ingredientes excepto el cilantro.
b) Cocine a temperatura alta durante 7 horas o hasta que los frijoles se desintegren y se vuelvan cremosos.
c) Saca los dientes.
d) Adorne con cilantro fresco.

17. Chana y Split Moong Dal con hojuelas de pimienta

Rinde: 8 TAZAS

INGREDIENTES:
- 1 taza de gramo partido, recogido y lavado
- 1 taza de lentejas verdes partidas y secas con piel, recogidas y lavadas
- ½ cebolla amarilla o morada, pelada y cortada en cubitos
- 1 pieza de raíz de jengibre, pelada y rallada o picada
- 4 dientes de ajo, pelados y rallados o picados
- 1 tomate, pelado y cortado en cubitos
- 2 chiles verdes tailandeses, serranos o de cayena, picados
- 1 cucharada más 1 cucharadita de semillas de comino, cantidad dividida
- 1 cucharadita de cúrcuma en polvo
- 2 cucharaditas de sal marina gruesa
- 1 cucharadita de chile rojo en polvo o cayena
- 6 tazas de agua
- 2 cucharadas de aceite
- 1 cucharadita de hojuelas de pimiento rojo
- 2 cucharadas de cilantro fresco picado

INSTRUCCIONES:
a) En la olla de cocción lenta, combine el gramo partido, las lentejas verdes, la cebolla, la raíz de jengibre, el ajo, el tomate, los chiles, 1 cucharada de comino, la cúrcuma, la sal, el chile rojo en polvo y el agua.
b) Cocine durante 5 horas a temperatura alta.
c) Hacia el final del tiempo de cocción, en una sartén poco profunda a fuego medio, calienta el aceite.
d) Agrega la cucharadita restante de comino.
e) Agrega las hojuelas de pimiento rojo una vez que el aceite esté caliente.
f) Cocine por no más de 30 segundos.
g) Mezcla las lentejas con esta mezcla y el cilantro.
h) Servir como sopa.

18. Risotto de cebada

Hace: 8

INGREDIENTES:
- 2 ¼ tazas de cebada descascarada, enjuagada
- 4 dientes de ajo, picados
- 1 paquete (8 onzas) de champiñones, picados
- 6 tazas de caldo de verduras bajo en sodio
- ½ cucharadita de hojas secas de mejorana
- ⅛ cucharadita de pimienta negra
- ⅔ taza de queso parmesano rallado

INSTRUCCIONES:
a) En una olla de cocción lenta de 6 cuartos, mezcle la cebada, el ajo, los champiñones, el caldo, la mejorana y la pimienta.
b) Tape y cocine a fuego lento durante 7 a 8 horas, o hasta que la cebada haya absorbido la mayor parte del líquido y esté tierna, y las verduras estén tiernas.
c) Agrega el queso parmesano y sirve.
a) Se puede servir tibio o frío.

19. Tagine de cordero, cebada y albaricoque

Hace: 8

INGREDIENTES:
- 3 tazas de caldo de res sin sal
- ½ taza de pasas doradas
- 1 taza de mitades de albaricoque seco
- 1½ cucharaditas de comino molido
- ½ cucharadita de pimienta de cayena
- 3 cucharadas de pasta de tomate
- 2 cucharaditas de sal kosher
- ½ taza de cilantro fresco picado
- 2½ tazas de cebolla blanca picada
- 1 taza de cebada descascarada integral cruda
- 2 ramas de canela
- 1 cucharadita de cilantro molido
- 8 dientes de ajo, picados
- 2 libras de pierna de cordero, cortada y en cubos
- 1 cucharada de jugo de limón fresco

INSTRUCCIONES:
a) En una olla de cocción lenta, combine el caldo, la cebolla, la cebada, los albaricoques, la pasta de tomate, la sal, el comino, el cilantro, la cayena, el ajo y las ramas de canela.
b) Cocine el cordero en una sartén caliente durante unos 8 minutos, dándole vuelta de vez en cuando hasta que se dore por todos lados.
c) Agréguelo a la olla de cocción lenta y cocine a fuego lento durante aproximadamente 8 horas.
d) Tira las ramas de canela.
e) Antes de servir, agrega el cilantro, las pasas y el jugo de limón a la mezcla de Crockpot.

20. Quinoa con canela y duraznos bajos en grasa

Hace: 6

INGREDIENTES:
- Spray para cocinar
- 2 ½ tazas de agua
- ½ cucharadita de canela molida
- 1 ½ tazas de mitad y mitad sin grasa
- 1 taza de quinua cruda, enjuagada y escurrida
- ¼ de taza) de azúcar
- 1½ cucharaditas de extracto de vainilla
- 2 tazas de rodajas de durazno congeladas sin azúcar
- ¼ de taza de nueces pecanas picadas, tostadas en seco

INSTRUCCIONES:
- Cubra una olla de cocción lenta con aceite en aerosol.
- Rellenar con agua y cocinar la quinoa y la canela durante 2 horas a fuego lento.
- En un recipiente aparte, mezcle la mitad y la mitad, el azúcar y la esencia de vainilla.
- Sirva la quinua en tazones.
- Agregue los duraznos encima seguidos de la mezcla mitad y mitad y las nueces.

21. Arroz salvaje con hierbas

Hace: 8

INGREDIENTES:
- 3 tazas de arroz salvaje, enjuagado y escurrido
- 6 tazas de caldo de verduras asadas
- ½ cucharadita de sal
- ½ cucharadita de hojas secas de tomillo
- ½ cucharadita de hojas secas de albahaca
- 1 hoja de laurel
- ⅓ taza de perejil fresco de hoja plana

INSTRUCCIONES:
a) En una olla de cocción lenta de 6 cuartos, mezcle el arroz salvaje, el caldo de verduras, la sal, el tomillo, la albahaca y la hoja de laurel.
b) Cerrar y cocinar a fuego lento de 4 a 6 horas.
c) Puedes cocinar este plato por más tiempo hasta que el arroz salvaje reviente, lo que demora entre 7 y 8 horas.
d) Retire y deseche la hoja de laurel.
e) Agrega el perejil y sirve.

22. Quinua Tex-Mex

Rinde 12 porciones

Ingredientes
- 1 taza (180 g) de quinua cruda, enjuagada
- 1 libra (450 g) de pechuga de pavo molida extra magra
- 1 15 onzas. lata (425 g) de frijoles negros, escurridos/enjuagados
- 1 15 onzas. lata (425 g) de maíz dulce, escurrido/enjuagado
- 1 10 onzas lata (285 g) de tomates y chiles verdes cortados en cubitos
- 1 10 onzas lata (285 g) de salsa de enchilada roja
- 1 ½ taza (350 ml) de caldo de pollo/verduras o agua
- 1 pimiento verde picado ½ taza (80 g) de cebolla picada 2 jalapeños sin semillas
- 1 Cucharadas de ajo picado
- 2 cucharadas de condimento para tacos

Direcciones
a) Agrega todo a la olla de cocción lenta. Revuelva bien para combinar.
b) Baje el fuego a bajo. Deje cocinar durante 6-8 horas, a fuego lento y bajo. Revuelva una o dos veces durante el tiempo de cocción. (Cocine a fuego alto durante 4 horas si tiene poco tiempo).
c) Sirva con yogur griego como sustituto de la crema agria, salsa y aguacate o guacamole.

23. Boloñesa de tarro de cristal

Ingredientes
- 2 cucharadas de aceite de oliva
- 1 libra de carne molida
- 1 libra de salchicha italiana, sin tripa
- 1 cebolla picada
- 4 dientes de ajo, picados
- 3 latas (14,5 onzas) de tomates cortados en cubitos, escurridos
- 2 latas (15 onzas) de salsa de tomate
- 3 hojas de laurel
- 1 cucharadita de orégano seco
- 1 cucharadita de albahaca seca
- ½ cucharadita de tomillo seco
- 1 cucharadita de sal kosher
- ½ cucharadita de pimienta negra recién molida
- 2 paquetes (16 onzas) de queso mozzarella bajo en grasa, en cubos
- 32 onzas de fusilli de trigo integral crudo, cocidos según las instrucciones del paquete; alrededor de 16 tazas cocidas

Direcciones

a) Calienta el aceite de oliva en una sartén grande a fuego medio-alto. Agrega la carne molida, la salchicha, la cebolla y el ajo. Cocine hasta que se dore, de 5 a 7 minutos, asegurándose de desmenuzar la carne y la salchicha mientras se cocina; escurrir el exceso de grasa.

b) Transfiera la mezcla de carne molida a una olla de cocción lenta de 6 cuartos. Agrega los tomates, la salsa de tomate, las hojas de laurel, el orégano, la albahaca, el tomillo, la sal y la pimienta. Tapar y cocinar a fuego lento durante 7 horas y 45 minutos. Retire la tapa y ponga la olla de cocción lenta a fuego alto. Continúe cocinando durante 15 minutos, hasta que la salsa se espese. Desecha las hojas de laurel y deja que la salsa se enfríe por completo.

c) Divida la salsa en 16 frascos de vidrio de boca ancha con tapa (24 onzas) u otros recipientes resistentes al calor. Cubra con mozzarella y fusilli. Refrigere por hasta 4 días.

d) Para servir, cocine en el microondas, sin tapar, hasta que esté completamente caliente, aproximadamente 2 minutos. Revuelve para combinar.

24. Salsa De Pavo En Olla De Cocción Lenta

Rinde 6 porciones

Ingredientes
- 20 onzas (600 g) de pechuga de pavo molida extra magra
- 1 15,5 onzas. frasco (440 g) de salsa
- sal y pimienta al gusto (opcional)

Direcciones
a) Agregue el pavo molido y la salsa a su olla de cocción lenta.
b) Baje el fuego a bajo. Deje cocinar durante 6-8 horas, a fuego lento y bajo. Revuelva una o dos veces durante el tiempo de cocción. (Cocine a fuego alto durante 4 horas si tiene poco tiempo).
c) ¡Sirva con salsa fría adicional, yogur griego como sustituto de la crema agria, queso o cebolla verde!
d) Dura 5 días en el frigorífico o 3-4 meses en el congelador.

25. Tazones de preparación de comida de carnitas

Ingredientes
- 2 ½ cucharaditas de chile en polvo
- 1 ½ cucharaditas de comino molido
- 1 ½ cucharaditas de orégano seco
- 1 cucharadita de sal kosher o más al gusto
- ½ cucharadita de pimienta negra molida o más al gusto
- 1 lomo de cerdo (3 libras), sin exceso de grasa
- 4 dientes de ajo, pelados
- 1 cebolla, cortada en gajos
- Jugo de 2 naranjas
- Jugo de 2 limas
- 8 tazas de col rizada rallada
- 4 tomates pera, picados
- 2 latas (15 onzas) de frijoles negros, escurridos y enjuagados
- 4 tazas de granos de maíz (congelados, enlatados o tostados)
- 2 aguacates, partidos por la mitad, sin hueso, pelados y cortados en cubitos
- 2 limas, cortadas en gajos

Direcciones
a) En un tazón pequeño, combine el chile en polvo, el comino, el orégano, la sal y la pimienta. Sazone la carne de cerdo con la mezcla de especias, frotando bien por todos lados.
b) Coloque la carne de cerdo, el ajo, la cebolla, el jugo de naranja y el jugo de lima en una olla de cocción lenta. Tape y cocine a fuego lento durante 8 horas o a fuego alto durante 4 a 5 horas.
c) Retire la carne de cerdo de la olla y desmenuce la carne. Regréselo a la olla y mezcle con los jugos; Se sazona con sal y pimienta si es necesario. Cubra y mantenga caliente durante 30 minutos más.
d) Coloque la carne de cerdo, la col rizada, los tomates, los frijoles negros y el maíz en recipientes de preparación de comidas. Se mantendrá tapado en el refrigerador de 3 a 4 días. Sirva con aguacate y rodajas de lima.

26. Judías verdes, patatas y tocino

Rinde: 6 porciones

INGREDIENTES

1 libra de puntas de tocino, picadas
1 libra de papas rojas baby, cortadas en mitades o cuartos
1 libra de judías verdes recién cortadas
3 tazas de caldo de pollo
1 cebolla amarilla mediana, picada
1 chile jalapeño grande, picado (opcional)
1½ cucharadas de ajo picado
½ cucharadita de pimienta negra molida

INSTRUCCIONES

Agregue todos los ingredientes a una olla de cocción lenta de 6 cuartos. Encienda la olla de cocción lenta a temperatura alta y cubra. Cocine por 4 horas y luego sirva.
¡y disfrutar!

27. Frijoles Pintos Y Corvejones De Jamón

Rinde: 8 porciones

INGREDIENTES

1 corvejón de jamón grande o ala de pavo ahumado
7 tazas de agua
3 tazas de frijoles pintos secos, clasificados y lavados
1 cebolla amarilla mediana, picada
1 cucharada de ajo picado
2 cucharaditas de sal para condimentar
½ cucharadita de pimienta negra molida
Cebollas verdes picadas, para decorar (opcional)
2 a 2½ tazas de arroz al vapor

INSTRUCCIONES

Agregue el corvejón, el agua, los frijoles, la cebolla, el ajo, la sal y la pimienta a una olla de cocción lenta de 6 cuartos. Ponga a fuego alto, cubra y cocine durante 6 horas.

Una vez que los frijoles estén cocidos, decore con cebollas verdes y sirva sobre arroz.

28. Cerdo desmenuzado a la barbacoa en olla de cocción lenta

Rinde: 6 porciones

INGREDIENTES

2 a 3 libras de paleta de cerdo asada
1 cucharada de aceite vegetal
2 cucharadas de humo líquido
2 cucharaditas de vinagre de sidra de manzana
¼ de taza de azúcar moreno oscuro
2 cucharadas de pimentón ahumado
2 cucharaditas de sal kosher
1 cucharadita de pimienta negra molida
1 cucharadita de mostaza en polvo
1 a 1½ tazas de salsa BBQ de nogal americano

INSTRUCCIONES

En una bandeja para hornear grande, coloque el asado y rocíe el aceite vegetal por encima, seguido del humo líquido y el vinagre.

En un tazón pequeño, combine el azúcar con el pimentón, la sal, la pimienta y la mostaza en polvo. Cubra el asado con la mezcla de especias.

Coloque el asado en una olla de cocción lenta de 6 cuartos y cúbralo con la tapa. Cocine a fuego lento durante 4 horas.

Triture la carne y vierta la salsa BBQ. Revuelva, luego cocine por 2 horas más (aún a fuego lento). ¡Luego sirve y disfruta!

29. Asado de cerdo relleno de ajo en olla de cocción lenta

Rinde: 8 a 10 porciones

INGREDIENTES

3 a 4 libras de lomo de cerdo asado deshuesado
6 a 8 dientes de ajo
1 taza de cebollas verdes picadas
1 paquete (0,75 onzas) de condimento ranchero
1 cucharadita de pimienta negra molida
2 tazas de caldo de pollo
1 libra de zanahorias pequeñas
1 libra de papas rojas, lavadas y picadas

INSTRUCCIONES

Haz de 6 a 8 agujeros en el asado y rellénalos con los dientes de ajo. Coloque con cuidado el asado en una olla de cocción lenta de 6 cuartos.

Agregue las cebollas verdes, luego espolvoree el condimento ranchero y la pimienta negra por todo el asado. Vierta el caldo de pollo. Pon la olla de cocción lenta a temperatura alta y cocina durante 2 horas.

Agrega las zanahorias y las patatas, revuelve y cocina por 2 horas más. Atender.

30. Pechuga de res en olla de cocción lenta

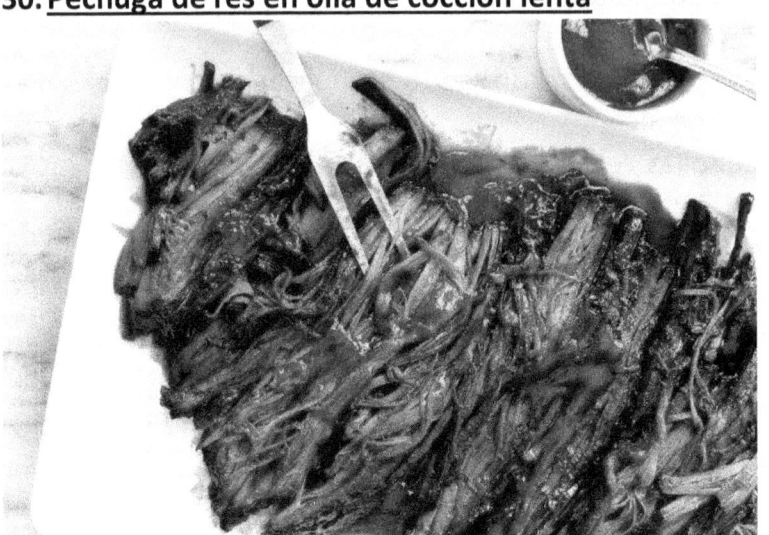

Rinde: 10 a 12 porciones

INGREDIENTES

2 cucharadas de aceite de oliva virgen extra
2 cucharadas de vinagre de sidra de manzana
1 cucharada de humo líquido
½ taza de azúcar moreno claro
2 cucharadas de ajo en polvo
2 cucharadas de cebolla en polvo
2 cucharadas de pimentón
1 cucharada de sal kosher
1 cucharada de hojuelas de perejil seco
1 cucharadita de pimienta negra molida
1 cucharadita de pimienta de cayena
7 a 8 libras de pechuga de res

INSTRUCCIONES

En un tazón pequeño, combine el aceite, el vinagre, el humo líquido, el azúcar, el ajo y la cebolla en polvo, el pimentón, la sal, el perejil, la pimienta negra y la cayena con un batidor. Frote la mezcla por toda la pechuga.

Rocíe una olla de cocción lenta de 6 cuartos con aceite en aerosol antiadherente y coloque la pechuga adentro. Pon la olla de cocción lenta a fuego lento y cocina durante 12 horas.

Forre una fuente para hornear de 9 por 13 pulgadas con papel de aluminio. Una vez que la pechuga esté lista, retírela con cuidado de la olla de cocción lenta y colóquela en la fuente para hornear preparada. Encienda el horno y cocine la pechuga hasta que la "corteza" (la masa) esté de color marrón oscuro, de 3 a 5 minutos. Retira la pechuga del horno, cúbrela con papel de aluminio y déjala reposar 1 hora antes de servir.

31. Rabos de toro sofocados en olla de cocción lenta

Rinde: 4 porciones

INGREDIENTES

2½ libras de rabo de toro
2 cucharaditas de sal kosher
1 cucharadita de pimienta negra recién molida o molida
2 cucharadas de salsa inglesa
1¼ tazas de harina para todo uso, cantidad dividida
¾ taza de aceite vegetal
3 tazas de caldo de res o agua
1 cebolla amarilla grande, en rodajas
3 dientes de ajo, picados
Perejil fresco picado, para decorar

INSTRUCCIONES

En un tazón grande, sazone los rabos de toro con sal y pimienta. Rocíe la salsa inglesa por todas partes y revuelva los rabos de toro para asegurarse de que queden cubiertos. Espolvoree ¼ de taza de harina sobre los rabos de toro y revuelva nuevamente para asegurar una cobertura uniforme.

En una sartén grande a fuego medio, vierte el aceite vegetal. Una vez que el aceite esté caliente añadimos los rabos de toro. Una vez que estén bien dorados, retíralos de la sartén y colócalos en una olla de cocción lenta de 6 cuartos mientras preparas la salsa. Si hay trozos de carne quemados en la sartén, vierta el aceite, cuele, limpie la sartén y luego vierta el aceite colado nuevamente en la sartén.

A fuego medio, comience a agregar la 1 taza de harina restante a la sartén, poco a poco. Batir continuamente. Una vez que la harina esté dorada, pareciéndose a mantequilla de maní en trozos, vierta lentamente el caldo. ¡Bate mientras viertes!

Asegúrate de que todo no tenga grumos y luego enciende el fuego de medio a alto. Cuando la salsa hierva por completo, reduzca el fuego a medio y agregue la cebolla y el ajo. Revuelve la salsa y haz una prueba de sabor. Añadir sal y pimienta al gusto.

Apague el fuego y vierta la salsa en la olla de cocción lenta, cubriendo los rabos de toro. Pon la olla de cocción lenta a temperatura alta y cocina durante 8 horas. Cubra con perejil y sirva con puré de papas o arroz.

32. Repollo estilo punjabi

Rinde: 7 TAZAS

INGREDIENTES:
- 3 cucharadas (45 ml) de aceite
- 1 cucharada de semillas de comino
- 1 cucharadita de cúrcuma en polvo
- ½ cebolla amarilla o morada, pelada y cortada en cubitos
- 1 pieza de raíz de jengibre, pelada y rallada o picada
- 6 dientes de ajo, pelados y picados
- 1 papa mediana, pelada y cortada en cubitos
- 1 repollo blanco mediano, sin hojas exteriores y finamente rallado (aproximadamente 8 tazas [560 g])
- 1 taza (145 g) de guisantes, frescos o congelados
- 1 chile verde tailandés, serrano o cayena, sin tallo, picado
- 1 cucharadita de cilantro molido
- 1 cucharadita de comino molido
- 1 cucharadita de pimienta negra molida
- ½ cucharadita de chile rojo en polvo o cayena
- 1½ cucharaditas de sal marina

INSTRUCCIONES:

a) Pon todos los ingredientes en la olla de cocción lenta y mezcla suavemente.

b) Cocine a fuego lento durante 4 horas. Sirva con arroz basmati blanco o integral, roti o naan. Este es un excelente relleno para una pita con un poco de raita de yogur de soja.

33. Polenta Con Tomate Y Parmesano

Hace: 4

INGREDIENTES:
- 2 tazas de caldo de verduras sin sal
- 2 tazas de leche 1% baja en grasa
- 1 taza de agua
- 1 taza de polenta o polenta cruda molida a la piedra
- ½ cucharadita de sal kosher
- ½ cucharadita de pimienta negra
- 1½ onzas de queso parmesano rallado
- 1½ cucharadas de mantequilla sin sal
- 3 tazas de tomates cherry
- 1 cucharada de aceite de oliva
- 2 cucharadas de albahaca fresca picada
- 1 cucharadita de vinagre balsámico o de vino tinto
- 1 onza de berros o mezclum
- ½ onza de queso parmesano rallado

INSTRUCCIONES:

a) Mezcle el caldo, la leche, el agua, la polenta y ¼ de cucharadita de sal y pimienta en una olla eléctrica. Cocine a fuego lento, tapado, hasta que se absorba el líquido y la polenta esté suave, de 3 a 4 horas, revolviendo cada hora. Agregue el parmesano rallado y la mantequilla, revolviendo para combinar. Tapar y dejar reposar hasta servir.

b) Precalienta el horno a 450°F. Mezcle los tomates, el aceite de oliva y el ¼ de cucharadita restante de sal y pimienta. Coloque los tomates en una bandeja para hornear forrada con papel de aluminio. Hornee en el horno precalentado hasta que los tomates estén suaves y ligeramente carbonizados, de 10 a 12 minutos.

c) Coloque los tomates carbonizados y sus jugos en un bol; agregue la albahaca y el vinagre, revolviendo suavemente para combinar. Divida la polenta en 4 tazones; cubra con la mezcla de tomate, los berros y el parmesano rallado.

34. Frijoles con cúrcuma y lentejas

Rinde: 10 TAZAS

INGREDIENTES::
d) 2 tazas de habas secas, recogidas y lavadas
e) ½ cebolla amarilla o morada, pelada y picada en trozos grandes
f) 1 tomate, cortado en cubitos
g) 1 trozo de raíz de jengibre, pelada y rallada o picada
h) 2 dientes de ajo, pelados y rallados o picados
i) 2 chiles verdes tailandeses, serranos o de cayena, picados
j) 3 dientes enteros
k) 1 cucharadita de semillas de comino
l) 1 cucharadita de chile rojo en polvo o cayena
m) una cucharadita de sal marina gruesa
n) ½ cucharadita de cúrcuma en polvo
o) ½ cucharadita de garam masala
p) 7 tazas de agua
q) ¼ de taza de cilantro fresco picado

INSTRUCCIONES:
a) En la olla de cocción lenta, combine todos los ingredientes excepto el cilantro.
b) Cocine a temperatura alta durante 7 horas o hasta que los frijoles se desintegren y se vuelvan cremosos.
c) Saca los dientes.
d) Adorne con cilantro fresco.

35. Risotto con Judías Verdes y Batatas

Hace: 8

INGREDIENTES:
- 1 batata grande
- 5 dientes de ajo, picados
- 2 tazas de arroz integral de grano corto
- 1 cucharadita de hojas secas de tomillo
- 7 tazas de caldo de verduras bajo en sodio
- 2 tazas de judías verdes, cortadas por la mitad en forma transversal
- 3 cucharadas de mantequilla sin sal
- ½ taza de queso parmesano

INSTRUCCIONES:
a) En una olla de cocción lenta de 6 cuartos, mezcle la batata, el ajo, el arroz, el tomillo y el caldo.
b) Tapar y cocinar a fuego lento durante 3 a 4 horas.
c) Incorpora las judías verdes.
d) Tapar y cocinar a fuego lento durante 37 minutos.
e) Agrega la mantequilla y el queso. Tape y cocine a fuego lento durante 20 minutos, luego revuelva y sirva.

36. Lentejas al curry de coco

Hace: 10

INGREDIENTES:
- 2 tazas de lentejas marrones
- Lata de 14 oz de leche de coco, entera
- 3 cucharadas de curry en polvo
- 2 dientes de ajo
- 1 cebolla amarilla
- 15 onzas de salsa de tomate
- 1 3/4 libra de camote
- 3 tazas de caldo de verduras
- 2 zanahorias
- 15 oz de tomates pequeños cortados en cubitos
- 1/4 cucharadita de clavo molido

PARA SERVIR
- 1/2 cebolla morada
- 1/2 manojo de cilantro fresco
- 10 tazas de arroz cocido

INSTRUCCIONES:

a) Picar el ajo y la cebolla en dados. Corta las zanahorias peladas y pica el camote en cubos de ¼ a ½ pulgada.

b) En una olla de cocción lenta, combine el ajo, la cebolla, el camote, las zanahorias, las lentejas, el curry en polvo, los clavos, los tomates cortados en cubitos, la salsa de tomate y el caldo de verduras. Revuelve todo junto.

c) Configure la olla de cocción lenta en temperatura alta durante 4 horas o baja durante 7-8 horas. Cuando las lentejas estén terminadas, deben estar tiernas y absorbida la mayor parte del líquido.

d) Combine las lentejas y la leche de coco en un tazón. Rectifica la sal u otras especias al gusto.

e) Para servir, coloque 1 taza de arroz cocido en un tazón, seguido de 1 taza de la mezcla de lentejas.

f) Sirva adornado con cebolla morada finamente picada y cilantro fresco.

37. Tazones de salmón teriyaki en olla de cocción lenta

Ingredientes:

- 4 tallos de limoncillo, machacados y cortados en trozos de 4 pulgadas
- 1 bulbo de hinojo (aproximadamente 14 oz), rebanado
- 4 cebollines, cortados por la mitad en forma transversal
- 1/3 taza de agua
- 1/3 taza de vino blanco seco
- 1 filete de salmón (2 libras) cortado en el centro y con piel
- 2 1/2 cucharaditas de sal kosher, cantidad dividida
- 1 cucharadita de pimienta negra, dividida
- 12 onzas de coles de Bruselas, en cuartos
- 2 cucharadas de aceite de oliva, dividido
- 6 onzas de tapas de hongos shiitake, en rodajas
- 1/2 taza de jugo de piña
- 2 cucharadas de salsa de soja
- 1 cucharada de azúcar moreno
- 1 cucharadita de maicena
- 1 cucharadita de semillas de sésamo
- 3 tazas de arroz integral cocido
- 1 taza de zanahorias en tiras
- Gajos de lima, para servir

Direcciones:

a) Doble un trozo de papel pergamino de 30 x 18 pulgadas por la mitad a lo largo; dóblelo por la mitad nuevamente en forma transversal (de un extremo corto a otro) para crear una pieza de 4 capas de espesor. Coloque el pergamino doblado en el fondo de una olla de cocción lenta de 6 cuartos, dejando que los extremos se extiendan parcialmente hacia los lados.

b) Coloque la mitad de la hierba de limón, el hinojo y las cebolletas en una capa uniforme sobre pergamino en una olla de cocción lenta. Agrega agua y vino. Espolvorea el salmón con 1 cucharadita de sal y 1/2 cucharadita de pimienta; colóquelo sobre la mezcla de limoncillo. Cubra el salmón con el resto de la hierba de limón, las cebolletas y el hinojo. Cubra y cocine a temperatura ALTA hasta que el salmón se desmenuce fácilmente con un tenedor, de 1 a 2 horas. Usando un forro de papel pergamino como asas, levante el salmón de la olla de cocción lenta y permita que se escurra el líquido. Deseche la mezcla en la olla de cocción lenta. Reserva el salmón.

c) Precalienta el horno a 425°F. Mezcle las coles de Bruselas con 1 cucharada de aceite de oliva, 1 cucharadita de sal kosher y 1/2 cucharadita de pimienta negra en una bandeja para hornear con borde. Hornee en horno precalentado hasta que estén tiernos y empiecen a estar crujientes, de 20 a 25 minutos. Caliente la 1 cucharada de aceite de oliva restante en una sartén a fuego medio-alto y cocine los champiñones y la 1/2 cucharadita de sal kosher restante hasta que estén tiernos, de 3 a 4 minutos. Agrega los champiñones a la bandeja para hornear con las coles de Bruselas; limpie la sartén.

d) Cocine el jugo de piña, la salsa de soja, el azúcar morena y la maicena en una sartén a fuego medio, batiendo constantemente, hasta que espese, aproximadamente 3 minutos. Unte 1/4 taza de salsa aproximadamente 1 1/4 libras de salmón cocido; espolvorear con semillas de sésamo.

e) Coloque el salmón en una bandeja para hornear con los champiñones y las coles de Bruselas; ase a temperatura ALTA a 6 pulgadas del fuego hasta que el glaseado se espese, aproximadamente 2 minutos.

f) Divida el arroz integral en 4 tazones. Cubra uniformemente con salmón, coles de Bruselas, champiñones y zanahorias en rama. Rocíe con la salsa restante; sirva con rodajas de lima.

38. Jambalaya en olla de cocción lenta

RINDE DE 6 A 8 PORCIONES

INGREDIENTES:
- 1 ½ libras de muslos de pollo deshuesados, enjuagados, sin exceso de grasa y cortados en cubos de 1 pulgada
- 3 salchichas ahumadas cajún (aproximadamente 14 onzas en total), cortadas en rodajas de 1/4 de pulgada de grosor
- 1 cebolla mediana, picada
- 1 pimiento verde, picado
- 1 tallo de apio, picado
- 3 dientes de ajo, picados
- 2 cucharadas de pasta de tomate
- 1 cucharadita de condimento criollo
- 1 cucharadita de sal
- ½ cucharadita de pimienta negra recién molida
- ½ cucharadita de salsa tabasco
- ½ cucharadita de salsa inglesa
- 2 tazas de caldo de pollo
- 1 ½ tazas de arroz de grano largo
- 2 libras de camarones medianos, pelados y desvenados (opcional)

INSTRUCCIONES:
a) Coloque todos los ingredientes (excepto los camarones, si los usa) en una olla de cocción lenta. Mezcle, cubra y cocine a fuego lento durante 5 horas.

b) Si usa camarones, revuélvalos suavemente después de las 5 horas de cocción y cocine a temperatura alta durante 30 minutos a 1 hora más, o hasta que los camarones estén cocidos pero no demasiado cocidos.

39. Chuck Asado Con Patatas Y Zanahorias

Hace: 12

INGREDIENTES:
- 3 cucharadas de aceite de oliva
- 1¼ tazas de caldo de res sin sal
- 3 cucharadas de vinagre de manzana
- 1½ cucharaditas de sal kosher
- 1 repollo, sin corazón y en cuartos
- 3 cucharadas de azúcar moreno claro
- 2 cucharadas de mostaza molida en piedra
- 2¼ libras de carne asada deshuesada, cortada
- 3 cucharadas de perejil de hoja plana, picado
- 4 papas Yukon Gold, cortadas en cuartos
- 2 dientes de ajo, picados
- 1 libra de zanahorias, peladas y cortadas en trozos de 3 pulgadas
- ¾ cucharadita de pimienta negra

INSTRUCCIONES:
a) Espolvoree 1 cucharadita de sal sobre el asado y cocínelo durante unos 4 minutos por cada lado en aceite caliente. Transfiera el asado a la olla de cocción lenta.
b) Coloque capas de repollo, patatas y zanahorias alrededor del asado.
c) Batir el resto de la sal, el vinagre, el azúcar moreno, la mostaza, el ajo y la pimienta y rociar sobre el asado.
d) Cocine a fuego lento durante 9 horas.
e) Después de apagar la olla de cocción lenta, retire el asado manteniendo las verduras y el líquido de cocción en la olla.
f) Corta el asado a contrapelo después de dejarlo reposar durante 20 minutos.
g) Corta el repollo en rodajas después de sacarlo de la olla de cocción lenta.
h) Sirve el repollo, las patatas, las zanahorias y la carne en rodajas en un plato.
i) Espolvorea con perejil y sirve con el líquido de cocción reservado.

40. Carne de res y champiñones en olla de cocción lenta

Hace: 8

INGREDIENTES:
- ¼ de taza de harina para todo uso
- 1 cucharada de vinagre de jerez
- 1½ cucharaditas de sal kosher
- 3 libras de carne asada deshuesada, en cubos
- 2 tazas de cebollas perla congeladas, descongeladas
- 1 cucharadita de romero fresco picado
- Hojas frescas de orégano
- 2 cucharaditas de tomillo fresco picado y más para decorar
- 1 cucharadita de orégano fresco picado
- 5 zanahorias medianas, peladas y cortadas en rodajas
- Paquete de 16 onzas de champiñones cremini frescos, cortados en cuartos
- ¾ taza de vino tinto seco
- ¼ taza de aceite de oliva
- 2 cucharaditas de ajo picado
- 1½ tazas de caldo de res sin sal

INSTRUCCIONES:

a) Combine los cubos de carne con la harina, el ajo, el tomillo, el romero, el orégano y ½ cucharadita de sal en una bolsa plástica para congelador con cierre.
b) Calienta 2 cucharadas de aceite. Agrega la carne y cocina por 12 minutos.
c) Mueva la carne a una olla de cocción lenta.
d) A la grasa conservada de la sartén, agregue los champiñones y las 2 cucharadas de aceite restantes y saltee hasta que los champiñones estén dorados.
e) Vierta el vino tinto mientras revuelve para eliminar los trozos dorados del fondo de la sartén.
f) Llena la olla de cocción lenta con la mezcla de champiñones.
g) A la olla de cocción lenta, agregue las cebollas perla, el caldo de res, las zanahorias, la mezcla de harina sobrante y la cucharadita de sal restante. Revuelva para incorporar.
h) Cocine a fuego lento durante aproximadamente 8 horas o hasta que la carne esté bastante suave.
i) Agrega el vinagre al líquido de cocción después de quitarle la grasa.
j) Agregue hojas frescas de orégano, más tomillo fresco picado y romero.

41. Pot-Au-Feu clásico

Hace: 8

INGREDIENTES:
- 2 cucharadas de aceite de oliva
- ½ cucharadita de pimienta negra
- 4 tallos de apio, en cubos
- 4 zanahorias, peladas y en cubos
- 4 patatas Yukon Gold, en cubos
- 4½ tazas de agua
- 1 cabeza de ajo, cortada por la mitad en forma transversal
- 1¾ cucharaditas de sal kosher
- 5 ramitas de tomillo fresco
- 2 libras de carne asada, deshuesada y recortada
- 3 hojas de laurel
- 2 puerros, cortados por la mitad a lo largo
- 1 colinabo, en cubos
- ¼ de taza de crema fresca
- 1½ libras de costillas de res con hueso, recortadas
- 2 cucharadas de cebollino fresco en rodajas finas
- pepinillos
- mostaza de Dijon
- Rábano picante preparado

INSTRUCCIONES:
a) Calienta una sartén antiadherente a fuego moderado. Cocine el asado en aceite en la sartén caliente, hasta que se dore por todos lados, durante 5 minutos.
b) Sazone bien con sal y pimienta.
c) Mueva el asado a una olla de cocción lenta de 6 cuartos.
d) Agregue las costillas a la grasa reservada en la sartén caliente y cocine, volteándolas para que se doren por todos lados, durante 6 minutos.
e) Transfiera las costillas a la olla de cocción lenta, reservando la grasa en la sartén. Agregue tomillo, hojas de laurel, ajo y agua a la grasa reservada en la sartén caliente, revolviendo para soltar

los trozos dorados del fondo de la sartén; vierta en la olla de cocción lenta.
f) Cocine a fuego lento durante 5 horas.
g) Mezcle el colinabo, el puerro, el apio, las papas, las zanahorias y el colinabo. Cocine a fuego lento, aproximadamente 3 horas.
h) deseche el ajo, las ramitas de tomillo y las hojas de laurel.
i) Corte el asado en rodajas y sírvalo con costillas, mitades de puerro, apio, patatas, zanahorias y colinabo en una fuente para servir.
j) Rocíe con la cantidad deseada de líquido de cocción y sirva con la crema fresca, el cebollino, los pepinillos, la mostaza de Dijon, el rábano picante y el líquido de cocción restante.

42. Plov de res en olla de cocción lenta

Hace: 6

INGREDIENTES:
- 3 cebollas peladas y cortadas en rodajas
- Agua hirviendo, 3 tazas
- Aceite vegetal, ½ taza
- Sal y pimienta
- 10 dientes de ajo enteros
- 6 zanahorias, peladas y cortadas en tiras gruesas
- 2 libras de estofado de carne, en cubos
- 3 tazas de arroz
- 2 cucharaditas de semillas de comino

INSTRUCCIONES:
a) Cocine las cebollas en aceite durante 5 minutos antes de agregar la carne.
b) Coloque capas de zanahorias y arroz y agregue agua caliente por los lados de la olla de cocción lenta.
c) Agregue sal, pimienta, clavo entero y comino y mezcle.
d) Cocine a fuego lento durante 2 horas.
e) Deseche los dientes de ajo.

43. Carne Asada Francesa

Hace: 10

INGREDIENTES
- 2 cebollas, en cuartos
- 1 hoja de laurel
- 4 zanahorias en cuartos
- 4 tazas de agua
- 4 dientes enteros
- 2 nabos en cuartos
- 1 diente de ajo
- 2 tallos de apio, picados
- Sal, 1 cucharadita
- 3 libras de carne de res deshuesada o de grupa asada enrollada
- 5 granos de pimienta

INSTRUCCIONES:
a) Mezclar la carne asada, el agua, la sal, el tomillo, el clavo, los granos de pimienta y la hoja de laurel.
b) Cocine a fuego lento durante 2 horas.
c) Agregue los componentes restantes y cocine por otros 30 minutos.
d) Corte la carne en rodajas finas y luego sirva la carne y las verduras con el caldo.

44. Sopa De Verduras De Hamburguesa

Hace: 6

INGREDIENTES:
- 2 tazas de papas, cortadas en cubitos
- 4 tazas de tomates enlatados
- 1 libra de carne molida
- 1 ½ tazas de apio en rodajas
- ½ taza de arroz
- 5 tazas de agua
- 1 taza de cebolla, picada
- 2 tazas de repollo rallado
- 1 hoja de laurel

INSTRUCCIONES:
a) Saltear la cebolla en una cacerola y luego dorar la carne.
b) Agregue los ingredientes restantes y cocine a fuego lento durante 1 hora o hasta que estén suaves.

45. Estofado Waldorf Astoria

Hace: 6

INGREDIENTES:
- 3 cucharadas de tapioca minuto
- 4 patatas, cortadas a lo largo
- 1 taza de apio, en rodajas
- 2 cebollas picadas
- 1 lata de agua para sopa
- Sal, 1 cucharadita
- 2 libras de filete redondo, en cubos
- Lata de 10 onzas de sopa de tomate
- 2 tazas de zanahorias, rebanadas

INSTRUCCIONES:
a) En la olla de cocción lenta, coloque las verduras alrededor de los pedacitos de carne.
b) Agrega sal y tapioca.
c) Agrega el agua y la sopa y cocina durante aproximadamente 1 hora.

46. Carne asada a la olla

Hace: 10

INGREDIENTES
- ½ tazas de agua o caldo de res
- 3 zanahorias, picadas
- 3 patatas, peladas y cortadas por la mitad
- 1 cucharadita de pimienta
- 2 cebollas, partidas por la mitad
- 4 libras de lomo asado o roast beef
- Sal, 1 cucharadita

INSTRUCCIONES:
a) Con un poco de aceite dorar el asado en una sartén.
b) Sazone con sal y pimienta y luego transfiéralo a la olla de cocción lenta.
c) Esparza algunas de las verduras alrededor del asado.
d) Cocine a cubierto durante 4 horas.

47. pechuga de cocción lenta

Hace: 10

INGREDIENTES
- 4 libras de pechuga de res
- 3 cucharadas de harina
- Sal y pimienta

INSTRUCCIONES:
a) Cocine a fuego lento durante 6 horas a 250 grados.
b) Mezcle el jugo, la harina, la sal y la pimienta para hacer la salsa y rocíe la salsa sobre la pechuga.

48. Filete suizo

Hace: 10

INGREDIENTES
- filete redondo de 3 libras
- 3 tallos de apio, pelados y picados
- 3 cucharadas de mantequilla
- ½ tazas de salsa de tomate
- Sal, 1 cucharadita
- 1 cucharada de perejil picado
- 1 cebolla, picada

INSTRUCCIONES:
a) Dorar el bistec con mantequilla durante unos minutos.
b) Agrega la cebolla, el perejil, el apio y la salsa de tomate y cocina por 2 horas, tapado.

49. Filete De Cebolla Suizo

Hace: 10

INGREDIENTES
- 1 cucharaditas de sal
- filete redondo de 3 libras
- 1 cucharadita de pimienta
- 2 paquetes de mezcla para sopa de cebolla
- 20 onzas de tomates

INSTRUCCIONES:
a) Salpimente el bistec, luego córtelo en porciones y póngalo en la olla de cocción lenta.
b) Coloque capas de tomates encima y agregue la mezcla de sopa de cebolla.
c) Cocine a fuego lento, tapado durante aproximadamente tres horas.

50. estofado de hamburguesa

Rinde: 10 - 12

INGREDIENTES
- 1 lata de galletas
- 2 libras de carne molida
- 1 cebolla
- 2 dientes de ajo; Cortado
- 28 onzas tomates aplastados
- 2 patatas, picadas
- 2 tallos de apio
- 2 tazas de agua
- Sal y pimienta
- 2 zanahorias, picadas

INSTRUCCIONES:
a) Dorar la carne en una sartén con la cebolla y el ajo. Transfiera a la olla de cocción lenta.
b) Agregue los tomates y las verduras.
c) Cocine por 1 hora y luego sirva con las galletas saladas encima del guiso.

51. Salchicha De Cerdo A La Boloñesa

Hace: 8

INGREDIENTES:
- ½ cucharadita de pimienta negra
- 1 libra de carne magra de cerdo molida
- ¼ taza de pasta de tomate
- 8 onzas de salchicha de cerdo italiana suave, sin tripa
- ¼ taza de vino tinto seco
- Paquete de 26.46 onzas de tomates colados
- 2 tazas de cebolla amarilla picada
- 1 taza de zanahorias finamente picadas
- 16 onzas de pasta penne integral cruda
- 3 dientes de ajo, picados
- 2 onzas de queso parmesano rallado
- 1 cucharadita de sal kosher
- ¼ de taza de hojas de albahaca fresca, cortadas y sin apretar
- 2 cucharadas de orégano fresco picado

INSTRUCCIONES:
a) Coloca una sartén antiadherente a fuego medio.
b) Agrega la carne de cerdo molida y la salchicha. Cocine la carne durante unos 7 minutos mientras la revuelve para desmenuzarla.
c) Escurrir bien antes de agregar la mezcla de carne a una olla de cocción lenta.
d) Agrega la sal, la pimienta, el ajo, el vino tinto, la pasta de tomate, la cebolla, las zanahorias y los tomates.
e) Cocine a fuego lento durante aproximadamente 8 horas.
f) Prepara la pasta como se indica en el paquete.
g) Vierta la salsa de carne sobre la pasta y cubra con queso, albahaca y orégano.

52. Lomo De Cerdo Con Puré De Manzana

Hace: 12

INGREDIENTES
- 3 ramitas de romero
- 1 cucharadita de sal
- 1 cucharadita de pimienta
- 2 cucharadas de aceite vegetal
- 2 cucharadas de mostaza Dijon
- 1 lomo de cerdo asado deshuesado
- 1 taza de puré de manzana
- 1 cucharada de miel

INSTRUCCIONES:
a) Frote el asado con sal y pimienta, puré de manzana, mostaza y miel.
b) Coloque el asado en una olla de cocción lenta y cubra con ramitas de romero.
c) Hornee por 2 horas.

53. Chile de cerdo en olla de cocción lenta

Hace: 8

INGREDIENTES
- 1 cucharadita de azúcar
- Comino, 1 cucharadita
- 2 cucharaditas de orégano
- Sal, 1 cucharadita
- 3 libras de cerdo deshuesado, en cubos
- 3 cucharaditas de pasta de tomate
- 2 cebollas picadas
- Ajo picado, 2 dientes
- 2 cucharadas de aceite para ensalada
- Crema para batir, ½ taza
- Agua, 1 taza

SERVIR
- chips de tortilla
- Palta
- CCrea agria

INSTRUCCIONES:
a) Dore la carne de cerdo en la olla de cocción lenta con aceite.
b) Agrega la cebolla, el ajo, el chile en polvo, el comino y el orégano.
c) Vuelva a colocar la carne de cerdo en la sartén junto con el agua, el azúcar, la sal y la pasta de tomate.
d) Agregue la crema y cocine a fuego lento durante 1 hora.

54. Cassoulet de frijoles blancos y salchichas

Hace: 4

INGREDIENTES:
- 6 onzas de salchicha de cerdo italiana, sin tripa y desmenuzada
- ¾ taza de cebolla amarilla picada
- 2 cucharadas de pasta de tomate
- 30 onzas de frijoles cannellini, escurridos y enjuagados
- ¼ taza de apio picado
- ¼ de taza de zanahorias en tiras
- 2 cucharadas, más 1 cucharadita de tomillo fresco picado
- 14½ lata de medio onza de tomates cortados en cubitos, sin sal agregada, asados al fuego y sin escurrir
- ¾ cucharadita de pimienta negra
- ⅛ cucharadita de sal kosher
- 1 taza de caldo de pollo sin sal
- 2 cucharaditas de aceite de oliva
- ⅓ taza de panko, tostado

INSTRUCCIONES:
a) Saltee la salchicha en una sartén antiadherente a fuego moderado durante unos 2 minutos.
b) Agrega la cebolla, las zanahorias, el apio y 2 cucharadas de tomillo y cocina por otros 5 minutos.
c) Agrega la pasta de tomate, los tomates, la pimienta y la sal; llevar a ebullición a fuego moderado.
d) Transfiera la mezcla de salchicha a una olla de cocción lenta de 6 cuartos; agregue el caldo de pollo. Triture ½ taza de frijoles enjuagados. Agrega el puré y los frijoles enteros a la olla de cocción lenta.
e) Cocine a fuego lento durante 4 horas.
f) Divida la mezcla de salchicha en 4 tazones; cubra con el panko tostado y el tomillo y sirva inmediatamente.

55. Frijoles pintos picantes y chile salchicha

Rinde: 2,5 CUARTOS

INGREDIENTES
- 1 libra de salchicha picante
- ½ libra de frijoles pintos secos, cocidos
- 1 libra de carne molida
- 1 cucharadita de cilantro
- 1 litro de jugo de tomate
- 2 cebollas picadas
- Ajo picado, 2 dientes
- 6 onzas de pasta de tomate
- 3 cucharadas de chile en polvo
- 5 hojas de laurel
- Sal, 1 cucharadita
- Salsa inglesa, 1 cucharada
- 1 cucharada de vinagre
- ½ cucharadita de comino en polvo
- 1 cucharadita de pimienta
- 1 cucharadita de pimienta de Jamaica molida
- 1 cucharada de mostaza seca
- pizca de pimiento rojo
- 1 cucharadita de canela en polvo
- un chorrito de salsa picante

INSTRUCCIONES:
a) Mezcle la carne, la cebolla y el ajo en una olla de cocción lenta.
b) Agrega los demás ingredientes y cocina a fuego lento durante 1 hora.
c) Deseche la hoja de laurel antes de servir.

56. Ragú De Cerdo Sobre Pasta Casarecce

Hace: 12

INGREDIENTES:
- 2 libras de paleta de cerdo asada deshuesada, cortada
- 1 cucharadita de pimienta negra
- 2 cucharadas de orégano, picado
- 2 cucharadas de mostaza Dijon
- 1 cucharada de vinagre de vino tinto
- 2 libras de pasta cruda
- 1½ cucharadas de romero fresco, picado
- 1 cucharada de sal kosher
- 2 cucharadas de aceite de canola
- 3 tazas de col rizada Lacinato picada
- 2 cucharadas de ajo fresco picado
- 6 chalotes medianos, cortados por la mitad a lo largo
- 1 taza de vino tinto seco
- ¼ taza de pasta de tomate
- ⅔ taza de caldo de pollo sin sal
- Lata de 28 onzas de tomates pera pelados, enteros y sin sal, sin escurrir

INSTRUCCIONES:

a) Frote la carne de cerdo con pimienta y 2 cucharaditas de sal. Calienta el aceite en una sartén a fuego moderado; agregue la carne de cerdo y cocine hasta que se dore por todos lados, aproximadamente 2 minutos por lado. Transfiera a una olla de cocción lenta, reservando la grasa en la sartén.

b) Reduzca el fuego a medio y agregue las chalotas, el ajo, el romero y el orégano a la sartén. Saltee durante unos 3 minutos.

c) Agregue la pasta de tomate y cocine, revolviendo constantemente, hasta que se oscurezca aproximadamente 1 minuto. Agrega el vino tinto y deja hervir; cocine hasta que se reduzca a la mitad, aproximadamente 5 minutos.

d) Combine el caldo de pollo y la mostaza y agréguelos a la sartén durante unos minutos.

e) Transfiera el contenido de la sartén a la olla de cocción lenta.

f) Agregue los tomates a la olla de cocción lenta y revuelva para triturar los tomates enteros.

g) Cocine a fuego lento hasta que la carne de cerdo esté bien cocida y tierna al pincharla con un tenedor, aproximadamente 7 horas. Transfiera la carne de cerdo a un plato y desmenúcela.

h) Aumente el fuego de la olla de cocción lenta a ALTO. Agregue la carne de cerdo desmenuzada, la col rizada y la cucharadita de sal restante. Tape y cocine hasta que la col rizada esté tierna, aproximadamente 5 minutos. Agrega el vinagre.

i) Cocine la pasta según las instrucciones del paquete. Sirve el ragú sobre la pasta.

57. Chile de cocción lenta

Hace: 6

INGREDIENTES
- 2 libras de filete redondo deshuesado, cortado en cubitos
- Lata de 8 onzas de salsa de tomate
- 1 libra de cerdo, en cubos
- 1 cucharadita de pimienta negra
- 1 cucharada de aceite vegetal
- ⅓ taza de chile en polvo
- 1 taza de cebolla, picada
- 1 cucharadita de salvia molida
- 1 cucharada de pimentón
- Latas de 28 onzas de caldo de res
- 2 cucharaditas de ajo en polvo
- 1 cucharadita de azúcar moreno
- 2 cucharadas de comino
- 1 cucharadita de tomillo
- 1 cucharadita de mostaza seca

INSTRUCCIONES:
a) Calentar el aceite; agregue la carne de res y de cerdo y dore por ambos lados. Transfiera a la olla de cocción lenta.
b) Agrega pimienta. caldo de res y salsa de tomate.
c) Agrega el chile en polvo, la mostaza seca, la cebolla, el comino, el pimentón, el azúcar moreno y el ajo en polvo.
d) Cocine durante 1 hora a fuego lento o hasta que la carne esté extremadamente suave.

58. Cerdo y chile verde

Hace: 6

INGREDIENTES
- 2 tallos de apio, picados
- 2 tomates, picados
- ½ taza de chiles verdes Ortega
- Cerdo, 2 libras
- 6 dientes de ajo, picados
- 3 cucharadas de salsa de chile jalapeño

INSTRUCCIONES:
a) Dore la carne de cerdo en aceite en una sartén mediana y luego muévala a la olla de cocción lenta.
b) Agrega los ingredientes restantes.
c) Agrega una taza o dos de agua.
d) Cocine tapado a fuego lento durante 1 hora.

59. Piernas De Cordero Estofadas Con Gremolata De Ajo

Hace: 6

INGREDIENTES:
- 5 cucharadas de aceite de oliva virgen extra
- 3 tazas de cebolla amarilla picada
- 1 cabeza de ajo
- 2 tazas de vino tinto seco
- 1 taza de zanahorias picadas
- 2 cucharaditas de ralladura de limón
- 3 muslos de cordero (20 onzas), recortados
- 1½ cucharaditas de sal kosher
- ¼ de taza de perejil fresco de hoja plana finamente picado
- 5 dientes de ajo, machacados
- 1½ cucharaditas de pimienta negra
- 1 cucharada de aceite de canola
- ¼ de taza de panko, tostado

INSTRUCCIONES:
a) Frote una cucharadita de sal y pimienta sobre el cordero.
b) Agrega el aceite de canola a la sartén.
c) Agregue las piernas de cordero, la zanahoria y la cebolla y caliente durante 6 minutos, hasta que se doren por todos lados.
d) Vierta el vino en la sartén mientras revuelve para quitar los trozos dorados del fondo.
e) Desechando la grasa de la sartén, agregue el cordero a la olla de cocción lenta.
f) Coloque la cabeza de ajo en la olla de cocción lenta después de envolverla bien en papel de aluminio.
g) Cocine a fuego lento durante 7 horas.
h) Retire la cabeza de ajo de la olla de cocción lenta.
i) Agregue el aceite de oliva restante y la sal restante y exprima el ajo.
j) Agrega el panko, el perejil y la ralladura de limón.
k) Separar la carne de cordero de los huesos y servir con la mezcla de ajo.

60. Cordero Con Salsa De Granada Y Cilantro Y Menta

Hace: 6

INGREDIENTES:
- 1½ cucharaditas de sal kosher
- ½ taza de arilos de granada
- 3 muslos de cordero (20 onzas), recortados
- 3 tazas de cebolla amarilla rebanada
- 1 diente de ajo
- ⅓ taza de caldo de res sin sal
- 2 cucharadas de agua caliente
- ½ taza de hojas de menta fresca sueltas
- ¼ de taza de aceite de oliva extra virgen
- ½ taza de hojas de cilantro frescas, sueltas y empaquetadas
- 2 cucharaditas de cúrcuma molida
- 2 cucharadas de vinagre de sidra de manzana

INSTRUCCIONES:
a) Espolvorea uniformemente las piernas de cordero con la cúrcuma y 1 cucharadita de sal.
b) Pon las piernas de cordero en una olla de cocción lenta.
c) Agrega el caldo y la cebolla.
d) Cocine a fuego lento durante 7½ horas.
e) Pon la menta y el cilantro en un procesador de alimentos pequeño y agrega el agua caliente.
f) Procese la combinación de hierbas hasta que esté suave antes de agregar el aceite, el vinagre, el ajo y la sal restante.
g) Deseche los huesos de cordero, sirva el cordero con los arilos de granada y rocíe la mezcla de hierbas sobre la carne.

61. Pato con chucrut

Hace: 4

INGREDIENTES
- 2 cebollas, en cuartos
- Azúcar moreno, 3 cucharadas
- Una pizca de sal y pimienta
- 1 taza de agua
- Pato de caza, 1 entero
- 2 cuartos de chucrut

INSTRUCCIONES:
a) Combine todo y cocine a fuego lento durante 2 horas.

62. pollo con nueces

Hace: 4

INGREDIENTES
- 2 tazas de agua
- 1 cebolla, picada
- 2 tazas de gajos de brócoli congelados
- 1 taza de arroz
- 1 cucharadita de jengibre molido
- Pizca de pimienta
- 1 taza de anacardos partidos por la mitad
- 1 libra de pechugas de pollo, sin piel y en cubos
- 1 lata de champiñones rebanados, escurridos

INSTRUCCIONES:
a) Usando una olla de cocción lenta, combine todos los ingredientes excepto los anacardos.
b) Cocine por 2 horas.
c) Espolvoree anacardos encima.

63. Sopa de pollo en olla de cocción lenta

Hace: 8

INGREDIENTES
- 2 cucharadas de cebollino picado
- 3 libras de pollo frito
- ½ cucharadita de estragón, picado
- 2 tazas de tomates picados
- 1 taza de granos de elote
- ½ taza de cebollas verdes, picadas
- 1 cucharadita de albahaca, picada
- ½ taza de guisantes sin cáscara
- 6 tazas de caldo de pollo desgrasado
- ½ taza de batatas cortadas en cubitos
- ½ taza de jerez seco

INSTRUCCIONES:
a) Cocine los trozos de pollo al jerez durante aproximadamente 10 minutos en una cacerola y luego agregue los tomates, el maíz, las cebolletas y las batatas.
b) Cocine durante 5 minutos después de agregar los guisantes, las cebolletas, la albahaca, el estragón y el chile.
c) Agregue los trozos de pollo, el agua y el caldo y transfiéralo a una olla de cocción lenta.
d) Cocine a fuego lento durante 1 hora.

64. Pollo y Sopa Barley

Hace: 6

INGREDIENTES:
- 1 taza de cebolla, picada
- 1 pollo asado, cortado y hervido
- ½ taza de cebada
- 1 cubito de caldo de pollo
- Sal, 1 cucharadita
- ½ cucharadita de pimienta
- 1 cucharadita de salvia seca
- 2 tazas de zanahorias picadas
- 1 cucharadita de condimento para aves
- 1 taza de apio picado
- 1 hoja de laurel

INSTRUCCIONES:
a) Agregue todos los ingredientes a la olla de cocción lenta.
b) Cocine a fuego lento durante aproximadamente 1 hora.
c) Retire la hoja de laurel.

65. Pechuga De Pavo Glaseada Con Arce Y Mostaza

Hace: 12

INGREDIENTES:
- 2 cucharadas de mostaza Dijon
- 6 libras de pechuga de pavo entera con hueso
- 1 cucharadita de sal kosher
- ½ taza de caldo de pollo sin sal
- ¼ cucharadita de pimienta negra
- 1 taza de sidra de manzana
- 3 ramitas de tomillo fresco
- ⅓ taza de jarabe de arce puro
- 5 cucharaditas de maicena
- 2 cucharadas de agua
- 1 cucharada de vinagre de manzana
- hojas frescas de tomillo

INSTRUCCIONES:
a) Hervir la sidra de manzana y las ramitas de tomillo; desecha las ramitas de tomillo.
b) Agrega el jarabe de arce y la mostaza.
c) Coloque el pavo en una olla de cocción lenta de 6 cuartos.
d) Frote ¾ de cucharadita de sal debajo de la piel.
e) Vierta la mezcla de sidra de manzana sobre el pavo en la olla de cocción lenta.
f) Tape y cocine a temperatura ALTA, aproximadamente 3 horas y 30 minutos.
g) Adorne con hojas de tomillo.

66. Tazón De Ramen De Pollo Y Verduras

Hace: 6

INGREDIENTES:
- 2 libras de pechugas de pollo con hueso y sin piel
- ½ taza de menta fresca picada
- Paquete de 8 onzas de fideos de arroz con fideos cocidos
- ½ taza de cilantro fresco picado
- 6 tazas de caldo de pollo sin sal
- 1 chile Fresno rojo, en rodajas finas
- 3 cucharadas de miso blanco
- ½ cucharadita de sal kosher
- ¼ de taza de cebollines en rodajas finas, solo las partes verdes
- 2 tazas de repollo finamente rallado
- 1 cucharada de aceite de canola
- 1½ tazas de zanahorias en tiras
- Paquete de 8 onzas de hongos shiitake frescos rebanados
- 2 cucharaditas de aceite de sésamo tostado

INSTRUCCIONES:
a) En una sartén antiadherente, calienta el aceite de canola a fuego medio.
b) Cocine el pollo hasta que esté ligeramente dorado, aproximadamente 3 minutos por lado.
c) Coloca el pollo en una olla de cocción lenta.
d) Agrega el caldo y el miso.
e) Agrega el repollo, las zanahorias y los champiñones a un tazón para mezclar.
f) Cocine tapado durante 3 horas o hasta que el pollo esté cocido.
g) Retire el pollo de la olla de cocción lenta y déjelo a un lado para que se enfríe.
h) Retire y deseche los huesos.
i) Triture el pollo en trozos pequeños y revuélvalo con la mezcla de caldo en la olla de cocción lenta.
j) Distribuya los fideos en seis tazones.
k) Sobre los fideos, vierta la mezcla de pollo y caldo.
l) Distribuya uniformemente las cebolletas, la menta, el cilantro y las rodajas de chile.
m) Rocíe el aceite de sésamo de manera uniforme sobre cada porción.

67. Lubina escalfada con salsa de tomate e hinojo

Hace: 4

INGREDIENTES:
- 2 chalotes, en cuartos
- 1 taza de agua
- 2 cucharadas de alcaparras escurridas y enjuagadas
- 4 filetes de lubina con piel
- 1 cucharadita de pimienta negra molida
- ½ taza de jugo de limón fresco
- 6 ramitas de tomillo fresco
- ½ taza de bulbo de hinojo en rodajas finas
- ½ cucharadita de sal kosher
- 1 taza de vino blanco
- 4 cucharadas de aceite de oliva virgen extra
- 2 cucharadas de líquido de alcaparras en salmuera del frasco
- 1 cucharadita de semillas de hinojo
- 10 onzas de tomates cherry multicolores partidos por la mitad

INSTRUCCIONES:
a) En una olla de cocción lenta de 3 a 4 cuartos, combine las chalotas, el vino, el agua, el jugo de limón, el licor de alcaparras, la pimienta, las semillas de hinojo, 4 ramitas de tomillo y 2 cucharadas de aceite.
b) Cocine por 2 horas.
c) En un tazón, combine el tomillo picado, las chalotas en rodajas, los tomates cherry, el hinojo en rodajas, las alcaparras y las 2 cucharadas de aceite restantes.
d) Coloque la lubina en la olla de cocción lenta, con la piel hacia arriba, y colóquela en la mezcla de vino.
e) Cocine de 15 a 25 minutos, o hasta que el pescado se desmenuce fácilmente con un tenedor.
f) Sazone el pescado con sal y pimienta y sírvalo con la salsa de tomate e hinojo.

68. Platija tailandesa con curry de coco

Hace: 6

INGREDIENTES:
- 2 cucharadas de aceite de canola
- 1 taza de arroz jazmín integral crudo
- 1 taza de leche de coco light enlatada
- ¼ de taza de albahaca fresca en rodajas finas
- 1½ tazas de agua
- 1 taza de pimiento verde picado
- 2 cucharadas de ajo picado
- 2½ cucharadas de pasta de curry rojo tailandés
- 1½ libras de filetes de platija sin piel
- 2 batatas, peladas y cortadas en cubitos
- Lata de 14½ onzas de tomates cortados en cubitos, sin escurrir
- ¼ de cucharadita de sal kosher

INSTRUCCIONES:
a) En un recipiente apto para microondas, cocine las batatas en el microondas a potencia ALTA durante 5 a 6 minutos, dejando de revolver después de 3 minutos.
b) En una olla de cocción lenta de 6 cuartos, espolvorea el arroz con aceite y revuelve para cubrir uniformemente.
c) Agregue los tomates, el agua, el pimiento morrón, el ajo y las batatas.
d) Cocine, tapado, a temperatura ALTA durante 3 horas.
e) Incorpora suavemente la leche de coco y la pasta de curry a la mezcla de arroz.
f) Cocine, tapado, a temperatura ALTA durante 15 minutos o hasta que el líquido se haya absorbido en su mayor parte.
g) Coloca el pescado encima de la mezcla de arroz y sazona con sal.
h) Cocine, tapado, a temperatura ALTA durante 20 minutos, o hasta que el salmón se desmenuce fácilmente con un tenedor.
i) Sirve el pescado con la mezcla de arroz y espolvorea uniformemente con albahaca.

69. Bacalao Con Mermelada De Tomate-Balsámico

Hace: 4

INGREDIENTES:
- 1 cucharada de vinagre balsámico
- 2 tazas de tomates cherry, cortados por la mitad
- 1 cucharada de miel
- ¼ de taza de hojas frescas de perejil de hoja plana
- 1 taza de cebolla dulce picada
- 1 cucharadita de hojas frescas de tomillo
- ½ cucharadita de pimienta negra
- 3 onzas de panceta cortada en cubitos
- 4 filetes de bacalao sin piel

INSTRUCCIONES:
a) Cocine la panceta hasta que esté crujiente, aproximadamente 5 minutos.
b) Coloque la panceta y la grasa en una olla de cocción lenta de 5 cuartos.
c) Agrega la cebolla, los tomates, el vinagre y la miel hasta que estén bien combinados.
d) Cocine, parcialmente tapado, a temperatura ALTA durante 4 horas.
e) En una fuente para mezclar, combine el tomillo y la pimienta negra.
f) Espolvorea encima de los filetes de pescado.
g) Coloca el pescado en la olla de cocción lenta encima de la salsa de tomate; cubra completamente y cocine a fuego lento durante 25 minutos, o hasta que el pescado se desmenuce fácilmente con un tenedor.
h) Sirve el pescado con mermelada de tomate y decora con perejil.

70. Pescado al vapor

Rinde: 4 PORCIONES

INGREDIENTES
- 3½ tazas de dashi o agua
- 2 tazas de arroz negro, cocido
- 1 taza de vino blanco seco
- 1 trozo de kombu de 3 x 3 pulgadas
- 1 cucharadita de cúrcuma en polvo
- 2 hojas de laurel
- 2 cucharadas de algas secas
- sal kosher
- 2 filetes de lubina negra o pargo rojo, al vapor
- 5 onzas de hongos shiitake, cortados por la mitad
- 2 tazas de brotes de guisantes
- 2 rábanos rojos, rallados
- 2 cucharadas de hojas de menta picadas

INSTRUCCIONES:
a) Combine caldo, arroz, vino, kombu, sal, cúrcuma en polvo, hojas de laurel y algas en una olla de cocción lenta.
b) Cocine a fuego lento durante 1 hora.
c) Coloque el pescado sobre el arroz y luego cubra con los champiñones.
d) Agregue menta, rábanos y brotes de guisantes como guarnición.

71. Bisque de langosta en olla de cocción lenta

Hace: 4

INGREDIENTES
- 1 cebolla, picada
- 5 cucharadas de mantequilla
- 3 puerros verdes, rebanados
- 1 taza de langosta, desmenuzada
- 2 zanahorias, peladas y cortadas en cubitos
- 2 tazas de jugo de almejas
- 3 tazas de caparazones y colas de langosta partidos
- 1 tomate, sin semillas, pelado y picado
- 1 taza de ostras

INSTRUCCIONES:
a) Saltear los puerros, la cebolla, el tomate y la zanahoria en un poco de mantequilla.
b) Transfiera a la olla de cocción lenta junto con las cáscaras de langosta y el líquido de las ostras y cocine a fuego lento durante 1 hora.
c) Quítales las cáscaras y deséchalas.
d) Agregue el líquido restante mientras bate vigorosamente; llevar a ebullición.
e) Agregue las ostras, las verduras y la carne de langosta y cocine sin tapar durante aproximadamente 10 minutos.

72. Verduras y pescado en olla de cocción lenta

Hace: 4

INGREDIENTES
- Aceite de oliva, 3 cucharadas
- 4 tazas de cebolla, picada
- 1 taza de apio, picado
- 2 tazas de perejil picado
- 1 taza de pimiento morrón, picado
- Cebolla verde picada, 3 tazas
- 1 taza de zanahoria rallada
- 1 cucharada de ajo picado
- Jugo de limón, 2 cucharadas
- 1 cucharada de salsa de soja
- Salsa inglesa, 2 cucharadas
- 1 cucharada de salsa picante
- 2 copas de vino
- 6 cucharadas de sal
- 4 libras de pescado, picado
- 12 tazas de agua

INSTRUCCIONES:
a) Calentar el aceite y sofreír la zanahoria rallada, la cebolla, el apio, los pimientos morrones y el perejil.
b) Agrega el jugo de limón y el ajo.
c) Transfiera a una olla de cocción lenta con los ingredientes restantes.
d) Cocine a fuego lento durante 1 hora.

73. Sopa De Coliflor Y Cúrcuma Dorada

Hace: 4

INGREDIENTES
- 3 dientes de ajo, picados
- 3 cucharadas de aceite de semilla de uva
- ⅛ cucharadas de hojuelas de pimiento rojo triturado
- 1 cucharada de cúrcuma
- ¼ taza de leche de coco entera
- 6 tazas de floretes de coliflor
- 1 cucharada de comino en polvo
- 1 cebolla o bulbo de hinojo, picado
- 3 tazas de caldo de verduras

INSTRUCCIONES:
a) Combine y cocine a fuego lento durante 1 hora.

74. Sopa para la resaca en olla de cocción lenta

Hace: 6

INGREDIENTES
- Lata de chucrut de 16 onzas; enjuagado
- 2 rebanadas de tocino, cocido
- 4 tazas de caldo de res
- ½ libra de salchicha polaca; rebanado y cocido
- 1 cebolla; Cortado
- 1 cucharadita de semilla de alcaravea
- 2 tomates; Cortado
- 1 pimiento morrón; Cortado
- 2 tallos de apio; rebanado
- 2 cucharaditas de pimentón
- 1 taza de champiñones, rebanados
- ½ taza de crema agria

INSTRUCCIONES:
a) Combine los ingredientes en una olla de cocción lenta.
b) Cocine durante 1 hora a fuego lento.

75. Carne guisada y cerveza negra

Hace: 6

INGREDIENTES
- 2 libras de carne de res para estofar, cortada y cortada en rodajas
- 2 cebollas picadas
- Harina para todo uso, 2 cucharadas
- Ajo picado, 2 dientes
- ¼ taza de perejil picado
- 1 cucharadita de pimienta molida
- 1 taza de cerveza fuerte
- 2 zanahorias, en rodajas
- Aceite de oliva, 3 cucharadas
- 1 taza de caldo de res
- Pasta de tomate, 2 cucharadas
- Tomillo, 2 cucharaditas

INSTRUCCIONES:
a) Mezcle la carne, la pimienta, 1 cucharada de aceite y la harina y revuelva hasta que la carne esté completamente cubierta.
b) Calienta el aceite restante y dora la carne junto con la pasta de tomate, la cebolla, el ajo, la cerveza negra, el caldo, las zanahorias y el tomillo.
c) Pasar a olla de cocción lenta y cocinar por 3 horas, tapado.
d) Servir adornado con perejil.

76. Sopa de zanahoria y jengibre en olla de cocción lenta

Hace: 6

INGREDIENTES
- Una pizca de sal kosher y pimienta negra molida
- 3 dientes de ajo
- ¼ de taza de hojas de menta
- 1 cucharadita de pimentón ahumado
- ⅓ taza de crema espesa
- 1 cebolla dulce, picada
- 2 libras de zanahorias, peladas y picadas
- ⅓ taza de hojas de cilantro
- 2 hojas de laurel
- 2 cucharadas de jugo de lima
- 1 camote, pelado y picado
- 6 tazas de caldo de verduras
- 1 trozo de jengibre, pelado y rebanado
- ¼ cucharadita de pimentón ahumado

INSTRUCCIONES:
a) En una olla de cocción lenta, mezcle las zanahorias, las batatas, la cebolla, el ajo, el jengibre, el pimentón, las hojas de laurel y el caldo. Condimentar con sal y pimienta.
b) Cocine a fuego lento durante 1 hora.
c) Agrega el jugo de lima, la menta y el cilantro.
d) Retire las hojas de laurel y luego tritúrelas con una licuadora.
e) Servir con una cucharada de crema.

77. sopa de patatas alemana

Hace: 6

INGREDIENTES:
- 6 tazas de agua
- 3 tazas de papas peladas y cortadas en cubitos
- 1¼ taza de apio en rodajas
- ½ cucharadita de sal
- ½ taza de cebolla, picada
- 1/8 cucharadita de pimienta

GOTA DE ALBÓNDIGAS:
- ½ cucharadita de sal
- 1 huevo batido
- ⅓ taza de agua
- 1 taza de harina para todo uso

INSTRUCCIONES:
a) Mezcle los primeros 6 ingredientes en una olla de cocción lenta y cocine a fuego lento durante aproximadamente 1 hora hasta que estén tiernos.
b) Retirar y triturar las verduras.

PARA LOS BOLLOS:
c) Mezclar la harina, el agua, la sal y el huevo.
d) Espolvorea sobre la sopa caliente.
e) Cocine durante unos 15 minutos.

78. Chile de carne molida en olla de cocción lenta

Hace: 6

INGREDIENTES
- 1 cucharada de aceite
- 4 cucharadas de agua
- 2 cucharaditas de sal, azúcar, Worcestershire, cacao, comino, orégano
- 3 tazas de tomates enlatados
- 1 cucharada de salsa tabasco
- 1 cebolla picada
- 1 cucharada de chile en polvo
- 2 libras de carne molida
- 2 latas de frijoles

INSTRUCCIONES:
a) En una sartén con aceite, dore la carne molida y la cebolla. Transfiera a la olla de cocción lenta.
b) Agrega los ingredientes restantes, tapa y cocina por 2 horas.

79. Chile texano en olla de cocción lenta

Hace: 6

INGREDIENTES
- 2 libras de carne asada
- 20 onzas tomates picados
- 1 cebolla
- 1 cucharada de orégano
- 6 chiles jalapeños, sin semillas y picados
- Sal, 2 cucharaditas
- 1 cucharada de comino
- 6 dientes de ajo, picados
- 4 cucharadas de chile en polvo
- Grasa de tocino

INSTRUCCIONES:
a) En grasa de tocino, dore la carne, la cebolla y el ajo. Poner en la olla de cocción lenta.
b) Agrega los jalapeños y los demás ingredientes y cocina por una hora.

80. Tocino, Puerro, Tomillo Farro

Hace: 8

INGREDIENTES:
- 4 rebanadas de tocino cortadas al centro, picadas
- 2 tazas de champiñones cremini frescos en rodajas finas
- 1½ tazas de puerros en rodajas finas
- 1 cucharada de tomillo fresco picado
- 1 cucharada de ajo picado
- 3 tazas de caldo de pollo sin sal
- 1½ tazas de farro crudo
- ¾ cucharadita de sal kosher
- ½ cucharadita de pimienta negra
- 1 onza de queso gruyere, rallado

INSTRUCCIONES:
a) Cocine el tocino en una sartén antiadherente a fuego moderado hasta que esté crujiente, aproximadamente 5 minutos. Transfiera el tocino a un plato forrado con toallas de papel, reservando la grasa en la sartén. Deja el tocino a un lado.
b) Agregue los champiñones y los puerros a la grasa caliente de la sartén y cocine, revolviendo con frecuencia, hasta que estén tiernos y ligeramente dorados, de 6 a 8 minutos. Agrega el tomillo y el ajo; cocine, revolviendo con frecuencia, hasta que esté fragante, 1 minuto. Transfiera la mezcla de puerros a una olla de cocción lenta.
c) Agrega el caldo, el farro, la sal y la pimienta. Tape y cocine a temperatura ALTA hasta que el farro esté al dente, aproximadamente 2 horas. Apague la olla de cocción lenta y deje reposar la mezcla durante 10 minutos. Espolvorea con el queso y el tocino antes de servir.

81. Guiso de maíz en olla de cocción lenta

Hace: 4

INGREDIENTES
- ¼ de libra de mantequilla
- 1 taza de galletas Ritz trituradas
- 1 taza de queso rallado
- 1 huevo
- 2/3 taza de leche evaporada
- Sal y pimienta
- 1 lata de maíz entero, escurrido
- 3 cucharadas de azúcar
- 1 lata de elote cremoso
- ¼ taza de cebolla seca
- 4 onzas de chiles verdes

INSTRUCCIONES:
a) Mezcle todos los ingredientes en una olla de cocción lenta y cocine durante 1 hora.

VEGANO

82. Calabaza espagueti caprese con frijoles blancos

Hace: 2

INGREDIENTES:
- 3 onzas de bolas de mozzarella vegana, cortadas en cuartos
- Hojas de albahaca frescas en rodajas
- 2 tazas de agua
- 1 calabaza espagueti, picada
- 1 cucharada de aceite de oliva
- 2 dientes de ajo, picados
- 1 taza de frijoles cannellini sin sal agregada, escurridos y enjuagados
- ⅓ taza de albahaca fresca picada
- ½ cucharadita de sal kosher
- 2 tazas de tomates cherry, cortados en cuartos

INSTRUCCIONES:
a) En una olla de cocción lenta de 6 cuartos, combine la calabaza y el agua.
b) Cocine a fuego lento durante 6 horas.
c) Raspe el interior de las cáscaras de calabaza para formar hebras parecidas a espaguetis.
d) Vuelva a colocar las cáscaras de calabaza espagueti en la olla de cocción lenta.
e) En una sartén a fuego medio, calienta el aceite.
f) Saltee el ajo y los tomates durante unos 3 minutos.
g) Retira la sartén del fuego.
h) Agrega la albahaca, las hebras, los frijoles y la sal a la mezcla de tomate.
i) Incorpora la mozzarella suavemente.
j) En la olla de cocción lenta, vierta la mezcla de calabaza de manera uniforme en cada mitad de calabaza.
k) Cocine durante aproximadamente 1 hora o hasta que el queso se derrita y la mezcla esté cocida.
l) Adorne con hojas de albahaca si lo desea.

83. Ragú De Berenjenas Y Frijoles Blancos

Hace: 4

INGREDIENTES:
- 1¼ cucharaditas de sal kosher
- 1 cucharada de pasta de tomate sin sal
- 1 pimiento verde, picado
- ¼ cucharadita de pimienta negra
- Frasco de 8½ onzas de tomates secados al sol en aceite de oliva, picados
- 1 cebolla amarilla, picada
- 3 tazas de cuscús integral cocido caliente
- Pimienta roja molida
- 1 cucharada de vinagre balsámico o de vino tinto
- 30 onzas de frijoles cannellini sin sal, escurridos y enjuagados
- 1 berenjena, pelada y en cubos
- ½ taza de caldo de verduras sin sal
- 2 cucharaditas de tomillo fresco picado
- 3 dientes de ajo, picados
- 2 cucharadas de perejil o albahaca fresca picada

INSTRUCCIONES:
a) Mezcle las berenjenas con la mitad de sal y escúrralas en un colador después de 10 minutos. Enjuague y seque.
b) En una sartén antiadherente, calienta 2 cucharadas de aceite de tomate a fuego medio-alto.
c) Agregue la berenjena y dórela por todos lados, aproximadamente 5 minutos.
d) Cocine por 2 minutos, revolviendo frecuentemente, con el ajo, la cebolla y el pimiento morrón.
e) Coloca la mezcla de berenjenas en la olla de cocción lenta.
f) Agrega los tomates picados, los frijoles, el caldo, la pasta de tomate, el tomillo, la pimienta negra y el resto de la sal.
g) Cocine a fuego lento durante 5 horas, o hasta que la berenjena esté muy suave.
h) Retire la olla de cocción lenta del fuego y agregue el perejil y el vinagre.
i) Distribuya el cuscús en cuatro platos.
j) Sobre el cuscús, vierta el ragú.
k) Tritura el pimiento rojo por encima.

84. Tofu Lo Mein

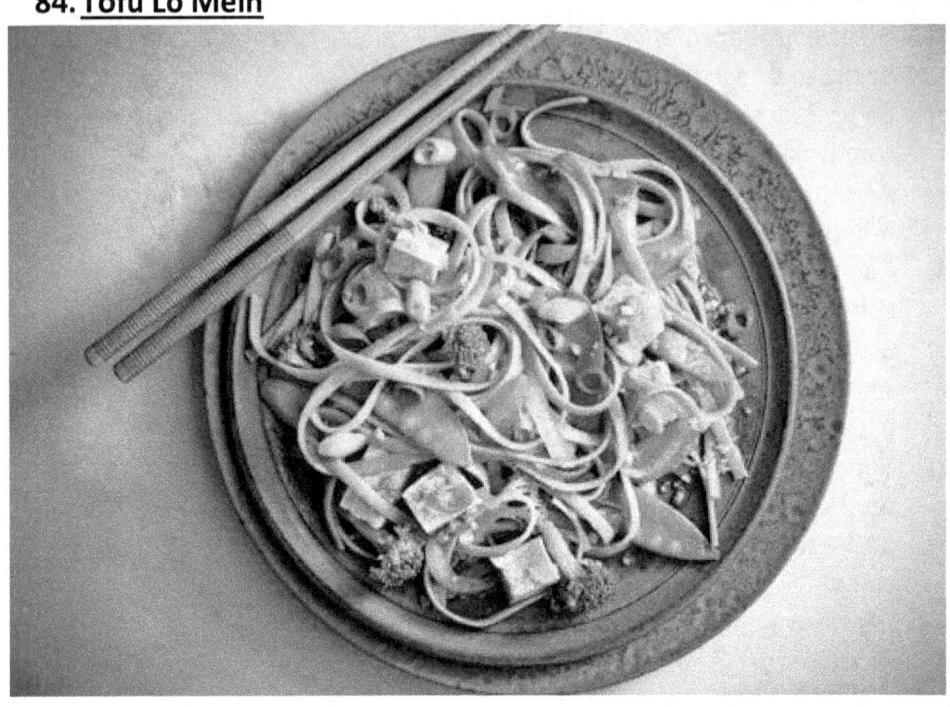

Hace: 5

INGREDIENTES:
- ⅔ taza de caldo de verduras sin sal
- ¼ de taza de cebollines en rodajas
- 1 cebolla amarilla, en rodajas finas
- 2 tazas de floretes de brócoli frescos
- Paquete de 14 onzas de tofu extra firme, escurrido
- 2 cucharadas de vinagre de arroz
- 1 cucharada de jengibre fresco picado
- 8 onzas de linguini integral, cocidos y escurridos
- 3 cucharadas de salsa de ostras
- 2 cucharaditas de miel
- 1 cucharada de aceite de sésamo
- 3 cucharadas de salsa de soja baja en sodio
- 1 taza de guisantes frescos cortados
- 3 dientes de ajo, picados
- 1 taza de zanahorias cortadas en diagonal

INSTRUCCIONES:
a) Combine las cebollas, el brócoli, las zanahorias y los guisantes en una olla de cocción lenta de 4 a 5 cuartos.
b) Batir el caldo, las cebolletas, la salsa de soja, la salsa de ostras, el vinagre, el jengibre, el aceite, la miel y el ajo; vierta sobre las verduras en la olla de cocción lenta.
c) Cocine de 2 a 3 horas a fuego lento.
d) En la olla de cocción lenta, combine el tofu y los linguini cocidos calientes.

85. Tempeh Asiático Con Espinacas Y Mango

Hace: 4

INGREDIENTES:
- 1 mango maduro, pelado y cortado en rodajas finas
- ¾ cucharadita de sal kosher
- ⅓ taza de agua
- paquete de tempeh de 8 onzas
- 2 tazas de arroz integral cocido caliente
- 2 cucharadas de vinagre de arroz sin condimentar
- Paquete de 5 onzas de espinacas tiernas
- 1½ cucharadas de aceite de sésamo tostado
- ¼ de taza de mirín
- 2 cucharaditas de salsa de chile Sriracha
- 4 dientes de ajo, machacados
- ¼ de taza de jugo de limón fresco
- 2 cucharadas de miel

INSTRUCCIONES:
a) En una olla de cocción lenta, combine el agua, el mirin, el jugo de limón, el vinagre, la miel, la Sriracha, la sal y el ajo.
b) Coloque el tempeh en el líquido y cocine a fuego lento durante 4 horas, tapado.
c) Con una espumadera, retire el tempeh y reserve un poco del líquido de cocción.
d) Haz 12 rebanadas de tempeh.
e) Distribuir el arroz en cuatro platos.
f) Mezcle las espinacas con el aceite de sésamo y sirva junto con el arroz.
g) Sirva con tempeh y rodajas de mango encima.
h) Rocíe el líquido de cocción reservado sobre cada porción de manera uniforme.

86. Edamame Succotash

Hace: 4

INGREDIENTES:
- 1 taza de cuscús integral cocido
- 1 pimiento rojo, picado
- 2 cucharadas de eneldo fresco picado
- 1 cucharada de aceite de oliva
- 2 tazas de granos de elote amarillo
- 1 cucharada de vinagre de vino tinto
- 1 cucharadita de sal kosher
- ¼ cucharadita de pimienta negra
- 1 cebolla amarilla, picada
- 1 taza de tomate maduro picado
- Paquete de 8 onzas de edamame sin cáscara congelado
- 1 taza de caldo de verduras sin sal

INSTRUCCIONES:
a) En una sartén a fuego medio, calienta el aceite.
b) Cocine, revolviendo frecuentemente, durante 4 minutos con la cebolla y el pimiento morrón.
c) En una olla de cocción lenta, combine el edamame, la mezcla de cebolla, el maíz, el caldo y la pimienta.
d) Cocine tapado durante 4 a 5 horas, o hasta que las verduras estén tiernas y los sabores se hayan mezclado.
e) Agrega el tomate, el eneldo y el vinagre, revolviendo suavemente.
f) Espolvorea la sal restante sobre la mezcla de edamame.
g) Distribuir el cuscús en cuatro platos.
h) Sirve la mezcla de edamame sobre el cuscús con una espumadera.
i) Adorne con más eneldo si lo desea.

87. Risotto de cebada con calabaza

Hace: 6

INGREDIENTES:
- 1 cucharadita de aceite de oliva
- Paquete de 16 onzas de champiñones cremini frescos rebanados
- 1½ tazas de cebada descascarada integral cruda
- 1½ cucharaditas de vinagre de jerez
- 1½ onzas de queso parmesano rallado
- ½ cucharadita de azúcar granulada
- 1 ramita de salvia fresca, más 3 cucharadas de hojas frescas
- Spray para cocinar
- 4 tazas de caldo de verduras sin sal
- ⅞ cucharadita de sal kosher
- 4 tazas de calabaza pelada y picada
- ½ cucharadita de pimienta negra
- 1 cebolla amarilla, picada
- ⅓ taza de crema de anacardos

INSTRUCCIONES:
a) En una sartén a fuego medio, calienta el aceite.
b) Saltee las cebollas durante unos 5 minutos.
c) Agrega los champiñones a la sartén y cocina por 8 minutos, revolviendo frecuentemente.
d) Cocine, revolviendo frecuentemente, durante 1 minuto con la cebada y la ramita de salvia en la sartén.
e) Rocíe el interior de una olla de cocción lenta con aceite en aerosol.
f) En la olla de cocción lenta, combine la mezcla de cebada, el caldo, la sal, la pimienta y el azúcar; revuelve para combinar.
g) Espolvorea la calabaza encima.
h) Cocine durante 5 horas a temperatura ALTA, tapado.
i) Retire la ramita de salvia.
j) Triture los cubos de calabaza en el risotto con el dorso de una cuchara hasta que quede suave.
k) Agrega la crema de anacardo y el vinagre hasta que estén bien combinados.
l) Adorne con queso y salvia.

GUARNICIONES

88. Coles De Bruselas Con Limón

Hace: 6

INGREDIENTES:
- 2 libras de coles de Bruselas frescas, cortadas a la mitad
- ¼ cucharadita de pimienta negra
- 2 cucharadas de pecorino romano rallado
- ½ cucharadita de sal kosher
- Spray para cocinar
- 1 cucharadita de ralladura de limón
- 3 cucharadas de jugo de limón fresco
- ½ taza de caldo de pollo sin sal
- ¼ de taza de piñones tostados

INSTRUCCIONES:
a) En una olla de cocción lenta, combine las coles de Bruselas, el caldo y la sal.
b) Cocine, tapado, a temperatura ALTA durante 1 hora y 30 minutos.
c) Rocíe una fuente para asar o una bandeja para hornear con borde forrada con papel de aluminio.
d) Transfiera las coles de Bruselas de la olla de cocción lenta a la asadera caliente con una espumadera.
e) Rocíe con 2 cucharadas de jugo de limón y sazone con pimienta.
f) Ase durante 3 minutos y espolvoree con la cucharada restante de jugo de limón.
g) Sirva con piñones, queso y ralladura de limón encima.

89. Coles estofadas con pepperoncini

Hace: 10

INGREDIENTES:
- 1 taza de cebollas rojas picadas
- 2 tazas de caldo de pollo sin sal
- ½ cucharadita de sal kosher
- Paquete de 16 onzas de col rizada, picada
- 1 cucharada de aceite de oliva
- 1 cucharada de ajo picado
- 2 onzas de panceta cortada en cubitos
- 4 ramitas de tomillo fresco
- ¼ de taza de rodajas de pepperoncini encurtidos sin escurrir

INSTRUCCIONES:
a) En una olla de cocción lenta de 6 cuartos, combine las hojas de col, el caldo de pollo, la cebolla, la panceta, el ajo, el aceite y el tomillo.
b) Cocine a fuego lento durante 8 horas.
c) Retire las ramitas de tomillo.
d) Sirva inmediatamente con los pepperoncini encurtidos y la sal.

90. Zanahorias con arce y nueces

Hace: 8

INGREDIENTES:
- 1½ cucharadas de mantequilla sin sal, cortada en trozos
- 2 cucharadas de jugo de limón fresco
- ¼ de taza de jarabe de arce puro
- ½ cucharadita de romero fresco picado
- ¼ de taza (2 onzas) de brandy
- 2 libras de zanahorias, peladas y cortadas diagonalmente en trozos de 3 pulgadas (6 tazas)
- ½ cucharadita de sal kosher
- ½ taza de nueces picadas, tostadas

INSTRUCCIONES:
a) En una olla de cocción lenta de 6 cuartos, combine las zanahorias, el jarabe de arce, el brandy y el jugo de limón.
b) Espolvorea la mezcla de zanahoria con la mantequilla y la sal.
c) Cocine a fuego lento durante 4 horas.
d) Coloca las zanahorias en un bol y espolvorea con las nueces y el romero.

91. Coliflor Al Curry Y Patatas

Hace: 10

INGREDIENTES:
- 1 cucharada de mantequilla sin sal
- 2 libras de papas rojas baby, cortadas por la mitad
- 2 tazas de cebollas amarillas picadas
- 1½ cucharadas de curry de Madrás caliente en polvo, y más para decorar
- 10 cucharadas de crema agria baja en grasa
- Spray para cocinar
- 4 tazas de floretes de coliflor
- 1 taza de cilantro fresco picado
- 6 onzas de hojas tiernas de espinaca
- Lata de 15 onzas de tomates triturados sin sal agregada
- 1 taza de tomates pera cortados en cubitos
- 1¼ cucharaditas de sal kosher

INSTRUCCIONES:
a) En una licuadora, haga puré el cilantro, los tomates triturados y 1 taza de cebolla hasta que quede suave.
b) En una sartén antiadherente a fuego medio, derrita la mantequilla.
c) Agregue la 1 taza restante de cebollas para cubrir.
d) Cocine tapado durante 5 minutos o hasta que la cebolla esté transparente.
e) Agregue el curry en polvo y cocine, revolviendo constantemente, durante 1 minuto o hasta que esté fragante.
f) Agregue el cilantro y cocine hasta que la mezcla de cilantro burbujee, aproximadamente 3 minutos.
g) Cubra las patatas y la coliflor con aceite en aerosol y colóquelas en una olla de cocción lenta.
h) Incorpora la mezcla de curry.
i) Cocine tapado durante 4 horas.
j) Combine las espinacas, los tomates pera y la sal en un tazón.
k) Se debe colocar crema agria encima de cada porción.
l) Espolvoree uniformemente con el curry en polvo restante.

92. Frijoles italianos en olla de cocción lenta

Hace: 10

INGREDIENTES
- 1 cebolla, picada
- 1 cucharadita de azúcar
- 2 cucharadas de aceite de oliva o vegetal
- ¼ cucharadita de pimienta molida
- 3 dientes de ajo, picados
- 1 lata de tomates guisados, hechos puré
- Sal, 1 cucharadita
- queso parmesano, 2 cucharadas
- 4 cucharaditas de albahaca, picada
- 2 libras de judías verdes, picadas y cocidas al vapor
- ½ taza de agua
- 3 cucharadas de orégano

INSTRUCCIONES:
a) Saltear la cebolla y el ajo en aceite. Poner en la olla de cocción lenta.
b) Agrega los demás ingredientes y cocina durante 1 hora a fuego lento.

93. Frijoles Horneados Con Tocino

Hace: 6

INGREDIENTES
- Cerdo y frijoles, 2 latas
- Frijoles con chile, 1 lata
- 1 taza de cebolla, picada
- 2 cucharaditas de chile en polvo
- 2 dientes de ajo, picados
- 8 onzas de salsa para enchiladas
- 1 cucharada de harina, para todo uso
- 8 rebanadas de tocino, cocidas y desmenuzadas
- Azúcar moreno, ½ taza
- 1 cucharadita de comino en polvo
- 1 taza de queso Monterey jack, rallado
- 1 lata de chiles verdes, cortados en cubitos

INSTRUCCIONES:
a) Saltee el ajo en la grasa del tocino, hasta que comience a dorarse.
b) Combine todo excepto el queso; mezcle y coloque en una olla de cocción lenta.
c) Cocine durante 1-2 horas a temperatura baja.
d) Agrega queso.

POSTRES

94. Pastel de chile y pavo cubierto de harina de maíz

Hace: 8

INGREDIENTES:
- 6 cucharadas de aceite de canola
- ¾ taza de harina para todo uso
- 2 cucharaditas de polvo de hornear
- 1 huevo batido
- 1 cebolla, picada
- ¾ taza de harina fina de maíz amarillo
- 2 dientes de ajo, picados
- 1½ cucharaditas de sal kosher
- Spray para cocinar
- 2 latas (14,5 onzas) de tomates asados al fuego, sin escurrir
- 1½ libras de pavo molido magro
- 4 onzas de queso cheddar fuerte, rallado
- 1 taza de caldo de pollo sin sal
- 2 cucharadas de chile en polvo
- hojas de cilantro fresco
- Lata de 15 onzas de frijoles negros, escurridos y enjuagados
- ¾ taza de leche descremada al 2%

INSTRUCCIONES:

a) En una sartén calentar 2 cucharadas de aceite.
b) Agregue el pavo y la cebolla y saltee hasta que se doren, aproximadamente 7 minutos.
c) Agrega el ajo, el chile en polvo y 1 cucharadita de sal durante aproximadamente 1 minuto.
d) Transfiera a una olla de cocción lenta que haya sido rociada con aceite en aerosol.
e) Incorpora los tomates, el caldo y los frijoles hasta que estén bien combinados.
f) Tamizar el polvo para hornear, la harina, la harina de maíz y la sal restante.
g) Agrega el huevo, la leche, el queso y el aceite de canola restante para hacer una masa.
h) Vierta la masa de harina de maíz sobre la mezcla de pavo en la olla de cocción lenta. Cocine por 4 horas y 30 minutos.

95. Pastel de verduras de primavera

Hace: 6

INGREDIENTES:
- 2 cucharadas, más 2 cucharaditas de aceite de oliva
- Paquetes de 16 onzas de champiñones cremini en rodajas
- 8 onzas de papas rojas, cortadas en cubos de 1 a 1½ pulgadas
- 2 cucharaditas de tomillo fresco picado
- 1 taza de zanahorias cortadas en diagonal
- ½ taza de harina de repostería integral
- 3 dientes de ajo, picados
- Spray para cocinar
- 1⅜ cucharaditas de sal kosher
- 1 taza de puerro rebanado
- 1 taza de guisantes verdes frescos o congelados
- ¼ taza de leche
- 1½ tazas de caldo de verduras sin sal
- ¼ cucharadita de pimienta negra
- ½ taza, más 3 cucharadas de harina para todo uso
- 2 cucharadas mitad y mitad
- 3 cucharadas de mantequilla fría sin sal, cortada en trozos pequeños
- 1½ cucharaditas de polvo para hornear
- 1½ onzas de queso cheddar fuerte, rallado
- 2 cucharadas de cebollino fresco picado y más para decorar

INSTRUCCIONES:
a) En una sartén antiadherente a fuego medio, calienta 2 cucharaditas de aceite.
b) Cocine durante 5 minutos, revolviendo con frecuencia, después de agregar los champiñones, las patatas, los puerros y las zanahorias.
c) Cocine durante 1 minuto, revolviendo con frecuencia, después de agregar el ajo y la sal.
d) Coloque la mezcla de verduras en una olla de cocción lenta engrasada.

e) En la sartén, calienta las 2 cucharaditas restantes de aceite a fuego medio; mezcle 3 cucharadas de harina para todo uso. Cocine por 1 minuto,
f) Incorpora el caldo poco a poco. Cocine durante 3 minutos o hasta que espese y burbujee.
g) Agrega el tomillo y la pimienta y mezcla bien.
h) Vierta la salsa en la olla de cocción lenta y revuelva suavemente para incorporar.
i) Cubrir; cocine a fuego BAJA hasta que las verduras estén tiernas, de 3 a 4 horas.
j) Combine la harina de repostería, el polvo para hornear y el resto de la harina para todo uso.
k) Agregue mantequilla hasta que la mezcla parezca una harina gruesa.
l) Combine el queso y las cebolletas en un tazón.
m) Agregue la leche hasta que esté apenas humedecida.
n) En la olla de cocción lenta, combine los guisantes y la mitad y mitad.
o) Coloca las galletas en 6 montículos iguales sobre la mezcla.
p) Cocine a temperatura ALTA durante 1 hora.

96. Pastel de chocolate y caramelo en olla de cocción lenta

Hace: 8

INGREDIENTES
- ⅓ taza de crema espesa
- ¾ taza de azúcar granulada
- ⅓ taza de cacao en polvo sin azúcar
- 1½ cucharaditas de polvo para hornear
- 1½ tazas de harina para todo uso
- 1 lata Dulce De Leche 300 ml
- ⅔ taza de aceite vegetal
- 1½ cucharaditas de extracto de vainilla
- 1 taza de leche
- 1½ tazas de chispas de chocolate semidulce
- ¾ cucharadita de sal
- 1 taza de chispas de chocolate con leche

INSTRUCCIONES
a) Rocíe el interior de una olla de cocción lenta de 4 cuartos con aceite en aerosol antiadherente.
b) Combine la harina, el azúcar, el cacao en polvo, el polvo para hornear y la sal.
c) Agrega el aceite vegetal, la leche y el extracto de vainilla.
d) Incorpora todas las chispas de chocolate.
e) Coloque los ingredientes en la olla de cocción lenta preparada.
f) En un recipiente apto para microondas, combine el dulce de leche y la crema espesa durante 45 segundos.
g) Vierta el Dulce De Leche sobre la masa del pastel.
h) Tape y cocine a fuego alto durante 3 horas, o hasta que al insertar un palillo en el centro, éste salga limpio.
i) Sirve el bizcocho tibio o caliente.

97. Zapatero de moras en olla de cocción lenta

Hace: 8

INGREDIENTES:
CAPA DE MORAS:
- ¼ de taza) de azúcar
- 3-5 tazas de moras, enjuagadas y escurridas
- 1 cucharada de maicena
- 2 cucharadas de mantequilla salada derretida

CAPA DE ZAPATERO:
- 1¼ taza de harina para todo uso
- ¾ taza de azúcar
- 2 cucharadas de mantequilla salada derretida
- 1½ cucharadita de polvo para hornear
- ½ cucharadita de sal
- 1 taza de leche
- 1 cucharadita de extracto de vainilla

ADICIÓN
- ¼ cucharadita de canela
- 1 cucharada de azúcar

INSTRUCCIONES:
a) Coloca las moras en la olla de cocción lenta.
b) Espolvorea azúcar, maicena y mantequilla derretida encima.
c) Mezcla estos ingredientes.
d) Combine los ingredientes secos enumerados en la capa de zapatero de arriba y revuelva para combinar.
e) Luego agregue los ingredientes húmedos hasta que se combinen.
f) Vierta esta masa uniformemente sobre las moras.
g) Combine la cucharada de azúcar y canela en un molde pequeño.
h) Espolvorea esto encima de la masa.
i) Cocine durante 2 horas y 30 minutos a temperatura ALTA.

98. Blondies con chispas de chocolate y mantequilla de maní en olla de cocción lenta

Hace: 6

INGREDIENTES:
- ⅔ taza de mini chispas de chocolate semidulce
- ½ taza más 1 cucharada de harina para todo uso
- 1 huevo, a temperatura ambiente
- ¼ de taza) de azúcar
- 3 cucharadas de azúcar moreno claro envasada
- 2 cucharadas de mantequilla de maní cremosa
- ¼ cucharadita de polvo para hornear
- 1 cucharadita de vainilla
- 2 cucharadas de mantequilla, a temperatura ambiente

INSTRUCCIONES:
a) Engrase generosamente el interior de su olla de cocción lenta con mantequilla.
b) Luego espolvoree con harina e incline para cubrir los lados y el fondo.
c) En un tazón, combine la harina y el polvo para hornear y reserve.
d) En un tazón mediano, mezcle la mantequilla, la mantequilla de maní, el azúcar y el azúcar morena hasta que estén suaves y cremosos. Incorporar el huevo.
e) Incorpora el extracto de vainilla hasta que la mezcla esté suave.
f) Agregue la mezcla de harina y dóblela suavemente con una espátula hasta que esté combinada.
g) Agregue suavemente las chispas de chocolate.
h) Raspe y alise la masa en la olla de cocción lenta que ha sido precalentada.
i) Coloque varias capas de toallas de papel encima de la olla de cocción lenta y luego cúbrala con la tapa.
j) Cocine a temperatura ALTA durante 1 hora.
k) Dejar enfriar y cortar en 12 trozos.

99. Olla de barro dulce de leche

Hace: 16

INGREDIENTES:
- 2 latas (14 onzas) de leche condensada azucarada

INSTRUCCIONES:
a) Llene los tarros Mason hasta el borde con leche condensada azucarada.
b) Enrosque bien las tapas.
c) Colóquelo en posición vertical en una olla de cocción lenta.
d) Llene la olla de barro hasta la mitad con agua caliente del grifo para cubrir los frascos.
e) Cocine a temperatura BAJA durante 8 a 10 horas.
f) Deje enfriar a temperatura ambiente en el mostrador.
g) Refrigere hasta que sea necesario.

100. Manzana crujiente en olla de cocción lenta

INGREDIENTES:

6 tazas de manzanas cortadas y peladas
3/4 taza de harina para todo uso
3/4 taza de copos de avena
1 taza de azúcar moreno
1/2 taza de mantequilla sin sal, ablandada
1 cucharadita de canela
1/2 cucharadita de nuez moscada
1/4 cucharadita de sal

INSTRUCCIONES:

Engrase el interior de su olla de cocción lenta con aceite en aerosol.
Agregue manzanas en rodajas al fondo de la olla de cocción lenta.
En un tazón aparte, combine la harina, la avena, el azúcar morena, la mantequilla blanda, la canela, la nuez moscada y la sal.
Mezcle los ingredientes secos hasta que formen una mezcla que se desmorona.
Vierta la mezcla de crumble sobre las manzanas cortadas en rodajas en la olla de cocción lenta.
Cocine a temperatura alta durante 2 a 3 horas o a temperatura baja durante 4 a 5 horas, o hasta que las manzanas estén tiernas y la cobertura dorada.
Sirva caliente con una bola de helado de vainilla o nata montada, si lo desea.

CONCLUSIÓN

Las comidas de cocción lenta son una excelente opción para cualquiera que busque una forma conveniente y deliciosa de preparar comidas. Requieren una preparación mínima y son perfectos para noches ocupadas entre semana o fines de semana tranquilos. El largo y lento proceso de cocción permite obtener el máximo sabor y ternura, lo que crea comidas satisfactorias y reconfortantes que seguramente agradarán. Entonces, ya sea que estés cocinando una olla de chile o un abundante estofado de carne, una olla de cocción lenta es una excelente herramienta para tener en tu arsenal de cocina.

www.ingramcontent.com/pod-product-compliance
Lightning Source LLC
LaVergne TN
LVHW021703060526
838200LV00050B/2485